帰ってす
便利食生

\ 節約! カンタン! /
つくりおき生活便利帖

HISAKO

池田書店

「つくりおきおかず」はこんな風に使えます。

帰ってすぐの夕飯に！

あたためて盛りつけるだけで食事の完成。疲れているときや時間がないときにとっても便利です。

- P.91 牛肉のチーズカツレツ
- P.156 ひじきとブロッコリーのツナサラダ
- P.147 切干し大根のサラダ
- P.152 高野豆腐の含め煮
- P.139 具／小松菜とじゃこの煮びたし

常備おかずでアレンジ自由自在！

ベースとなる基本のつくりおきおかず(P.16〜)を常備しておけば、アレンジ次第で料理のバリエーションが楽しめます。

- P.32 キーマカレー
- P.34 ジャージャー麺 温玉のせ
- P.35 焼きカレードリア

詳しくは P.32 ▶

小さく盛って おつまみに！

お酒のおつまみがほしいときにも、さっと用意できて便利です。

P.149 切干し大根のペペロンチーノ

P.155 ひじきと里芋のお焼き

P.83 牛肉のすき焼き風

朝つめるだけで お弁当に！

あたため直してお弁当につめるだけでOK。忙しい朝でも、数分あればおいしいお弁当が完成します。

P.97 さけの焼きびたし

P.140 小松菜とコーンのバターしょうゆ炒め

(詳しくは P.160 ▶)

本書の「つくりおきおかず」は3種類！

本書は、ベースのおかずからいろいろなレシピに応用できる1章、メインのおかずになる「主菜」の2章、つけ合わせにも便利な「副菜」の3章で構成されています。

\ 1章 /

ベースのつくりおき＆アレンジレシピ

「鶏そぼろ（P.16）」のようにそのままでもおいしい「ベースのつくりおき」おかずと、それを別の料理に応用してつくる「アレンジレシピ」です。

\ 2章 /

肉・魚介のつくりおきおかず

メインのおかずになる主菜のレシピです。部位別、種類別に紹介しているので、スーパーの特売に合わせて調理することもできます。

\ 3章 /

野菜・きのこ・乾物のつくりおきおかず

主菜のサイドメニューです。味つけは甘辛味などの「コク味」、塩や酸味のきいた「さっぱり味」の2種。主菜の味に合わせて選びましょう。

「つくりおきおかず」は、ここが便利。

❶ まとめ買いして節約生活！
スーパーの特売日などに食材をまとめて買いしてつくりおきすれば、少量買うよりも断然お得。

❷ 多めにつくって時間短縮！
1人分でも4人分でもつくる手間は同じ。たくさんつくって保存すれば、毎日の料理の時間短縮に。

❸ 食材が無駄にならない！
肉、魚介、野菜をメインに、スーパーなどで売っている1パック（袋）を使い切れるレシピです。

❹ 毎日の献立がラクチン！
つくりおきおかずを組み合わせたり、何か1品だけつくってプラスするだけでも大満足の食卓に。

つくりおき生活のキホン（保存方法について）

本書はつくりおきして冷蔵保存がキホンですが、「揚げ物」や「焼き物」は途中までつくっておき、冷蔵、もしくは冷凍保存して、食べるときに調理するともっとおいしいつくりおき生活が楽しめるようになっています。

保存のキホンは
つくって ➡ 冷蔵庫に保存！

食べるときは、①そのまま ②レンジでチンして。

P.48 ポトフ

もっとおいしく！

揚げ物や焼き物などは
途中までつくって ➡ 冷蔵・冷凍保存！しても。

食べるときは、①焼く ②揚げる。

P.48 鶏肉のチーズサンド揚げ

保存容器について

本書のつくりおきは、いろいろな料理に応用できる1章「ベースのつくりおき」、肉や魚介のおかず2章「主菜のつくりおき」、野菜がたっぷりとれる3章「副菜のつくりおき」の3種類です。ここでは本書でよく使用する保存袋、保存容器を整理しました。

つくりおきの種類	冷蔵	冷凍
ベース（→ P.16〜）	保存袋（大または中） 保存容器（中）	冷凍用保存袋（大）
主菜（→ P.38〜）	保存袋（大または中） 保存容器（中または大）	冷凍用保存袋（大）
副菜（→ P.118〜）	保存袋（中） 保存容器（小）	冷凍用保存袋（中）

▶保存容器（冷蔵用）

洗って何度も使えるプラスティックやホーローのふたつき容器。電子レンジ対応のもの。ホーローは直火も対応。ふたが耐熱性ではない場合はラップをかけて加熱する。

◀密閉保存容器（冷蔵用）

電子レンジ対応のコンテナ型が便利。中身が見えるので冷蔵庫内でも探しやすい。主菜には角型の中（または大）サイズ、副菜や小分け用には角型か丸型の小サイズが使いやすい。

▶保存袋（冷蔵・冷凍）

密閉できるジッパーつきの保存袋が便利。主菜には大（または中）サイズ、副菜や小分け用には中サイズが使いやすい。料理名や保存日時も記入可能。

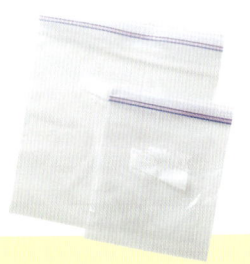

冷凍と解凍のキホン

基本事項とちょっとしたコツを知るだけで、調理の効率がぐんとよくなります。

金属トレイで急速冷凍

調理前の素材は熱伝導率のよいアルミトレーなどにのせて急速冷凍し、保存袋に入れて保存すれば味や鮮度が保てます。

小分けにして密閉する

一度に使い切れる量を小分けにして保存するのがポイント。また、空気が入っていると酸化して劣化が早まるので、空気を抜いて口をピッタリ閉めること。

冷たい料理

冷たいまま食べる料理は、冷蔵庫内において自然解凍がおすすめ。急ぐときは袋ごと流水にさらして解凍します。

あたたかい料理

あたためて食べる料理は、時間があるなら自然解凍します。電子レンジで解凍する場合は保存袋のまま加熱して解凍させます。

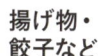

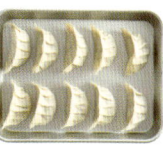

加熱前の味つき素材

冷蔵庫内において自然解凍がおすすめ。急ぐときは流水解凍で。電子レンジで解凍する場合は、保存袋のまま少し加熱して自然解凍させます。

揚げ物・餃子など

衣がついた加熱前の揚げ物や餃子などは、冷凍のまま調理します。調理済みのものは解凍してからオーブントースター（弱火）で焼くとカリッと仕上がります。

CONTENTS

「つくりおきおかず」はこんな風に使えます。・・・・・・・2
本書の「つくりおきおかず」は３種類！・・・・・・・・・4
つくりおき生活のキホン（保存方法について）・・・・・5
保存容器について・・・・・・・・・・・・・・・・・・・・・・・・・・・・6
冷凍と解凍のキホン・・・・・・・・・・・・・・・・・・・・・・・・・7
この本の使い方・・・・・・・・・・・・・・・・・・・・・・・・・・・・・14

❶章 ベースのつくりおき＆アレンジレシピ　15

●鶏そぼろ・・・・・・・・・・・・・・・・・・・・・・・・・・・・・・・・16
アレンジレシピ
- かぼちゃのそぼろあんかけ・・・・・・・・・17
- 里芋のそぼろ炒め・・・・・・・・・・・・・・・・・18
- そぼろ入りオムレツ・・・・・・・・・・・・・・・19

●肉みそ・・・・・・・・・・・・・・・・・・・・・・・・・・・・・・・・・20
アレンジレシピ
- ピリ辛肉みそ奴・・・・・・・・・・・・・・・・・・・21
- 肉みそうどん・・・・・・・・・・・・・・・・・・・・・22
- なすとピーマンの肉みそ炒め・・・・・・・23

●牛肉と玉ねぎ煮・・・・・・・・・・・・・・・・・・・・・・・・24
アレンジレシピ
- 牛肉と玉ねぎのエスニックスープ・・・・25
- レンジ肉じゃが・・・・・・・・・・・・・・・・・・・26
- 牛玉丼・・・・・・・・・・・・・・・・・・・・・・・・・・・27

●ゆで鶏・・・・・・・・・・・・・・・・・・・・・・・・・・・・・・・・28
アレンジレシピ
- ゆで鶏のスパイシーねぎソース・・・・・・29
- 大根と鶏肉の煮物・・・・・・・・・・・・・・・・・30
- フォー・ガー（ベトナム風うどん）・・・31

●キーマカレー・・・・・・・・・・・・・・・・・・・・・・・・・・32
アレンジレシピ
- ジャージャー麺 温卵のせ・・・34
- 焼きカレードリア・・・・・・・・・・・・・・・・・35
- カレー風味の春雨スープ・・・・・・・・・・・36

2章 肉・魚介のつくりおきおかず 主菜　37

●鶏もも肉 ……………………………… 38
鶏もも肉の1:1:1煮 …………………… 39
鶏肉の塩麹＆マーマレード漬け焼き …… 40
鶏の唐揚げ …………………………… 42

●鶏むね肉 ……………………………… 44
鶏肉のクリーム煮 …………………… 45
鶏肉のしっとりロール ……………… 46
鶏肉のチーズサンド揚げ …………… 48

●鶏手羽元・手羽中 ………………… 50
鶏手羽中のトマト煮込み …………… 51
フライドチキン ……………………… 52
鶏手羽元のお酢煮 …………………… 54

●鶏ひき肉 ……………………………… 56
れんこんはさみ焼き ………………… 57
鶏つくね ……………………………… 58
ガパオ風そぼろ ……………………… 60

●豚こま切れ肉 ……………………… 62
豚肉とチンゲン菜のオイスター煮 … 63
豚肉とじゃがいものカレーきんぴら … 64
ポークビーンズ ……………………… 65

●豚バラ薄切り肉 …………………… 66
豚肉と白菜のレンジ蒸し …………… 67
アスパラの豚バラ巻き ……………… 68
豚バラとごぼうの柳川風 …………… 70

●豚バラかたまり肉 ………………… 72
黒酢の酢豚 …………………………… 73
豚の角煮 ……………………………… 74
豚バラのさっぱりバーベキューグリル … 75

9

- ●豚ひき肉 ・・・・・・・・・・・・・・・・・・・・・・・・・・・・・・・・・・・・・・・**76**
  - シュウマイ・・・・・・・・・・・・・・・・・・・・・・・・・・・・・・・・・・77
  - 麻婆なす・・・・・・・・・・・・・・・・・・・・・・・・・・・・・・・・・・・・78
  - 焼き餃子・・・・・・・・・・・・・・・・・・・・・・・・・・・・・・・・・・・・80

- ●牛こま切れ肉 ・・・・・・・・・・・・・・・・・・・・・・・・・・・・・・・**82**
  - 牛肉のすき焼き風・・・・・・・・・・・・・・・・・・・・・・・・・・・・83
  - 牛肉のしょうが煮・・・・・・・・・・・・・・・・・・・・・・・・・・・・84
  - 牛肉とれんこんのピリ辛きんぴら・・・・・・・・・・・・・・85

- ●牛薄切り肉 ・・・・・・・・・・・・・・・・・・・・・・・・・・・・・・・・・**86**
  - 牛肉のサルサソース煮・・・・・・・・・・・・・・・・・・・・・・・・87
  - 牛肉の野菜巻き・・・・・・・・・・・・・・・・・・・・・・・・・・・・・88
  - ハヤシライスソース・・・・・・・・・・・・・・・・・・・・・・・・・・89

- ●牛ももかたまり肉 ・・・・・・・・・・・・・・・・・・・・・・・・・・・**90**
  - 牛肉のチーズカツレツ・・・・・・・・・・・・・・・・・・・・・・・・91
  - ローストビーフ・・・・・・・・・・・・・・・・・・・・・・・・・・・・・92
  - ポトフ・・・・・・・・・・・・・・・・・・・・・・・・・・・・・・・・・・・・・94

- ●さけ ・・・・・・・・・・・・・・・・・・・・・・・・・・・・・・・・・・・・・・・**96**
  - さけの焼きびたし・・・・・・・・・・・・・・・・・・・・・・・・・・・97
  - さけのカレー南蛮漬け・・・・・・・・・・・・・・・・・・・・・・・98
  - さけのみそ漬け・・・・・・・・・・・・・・・・・・・・・・・・・・・・・99

- ●いか ・・・・・・・・・・・・・・・・・・・・・・・・・・・・・・・・・・・・・・**100**
  - いかと里芋の煮物・・・・・・・・・・・・・・・・・・・・・・・・・・101
  - いかの照り焼き・・・・・・・・・・・・・・・・・・・・・・・・・・・・102
  - いかとブロッコリーの中華炒め・・・・・・・・・・・・・・103

- ●さば ・・・・・・・・・・・・・・・・・・・・・・・・・・・・・・・・・・・・・・**104**
  - さばのごま焼き・・・・・・・・・・・・・・・・・・・・・・・・・・・・105
  - さばのみそ煮・・・・・・・・・・・・・・・・・・・・・・・・・・・・・・106
  - さばのピリ辛竜田揚げ・・・・・・・・・・・・・・・・・・・・・・107

3章 野菜・きのこ・乾物のつくりおきおかず 副菜　117

- **●キャベツ** ・・・・・・・・・・・・・・・・・・・・・・・・・・**118**
  - キャベツとハムのマヨ煮・・・・・・・・・・・・・・・・・・・119
  - キャベツ、にんじん、小松菜のごま酢漬け・・・・・・・・・120
  - キャベツ、桜えび、厚揚げのピリ辛炒め・・・・・・・・・121

- **●大根** ・・・・・・・・・・・・・・・・・・・・・・・・・・・・・・**122**
  - ふろふき大根・・・・・・・・・・・・・・・・・・・・・・・・・123
  - 大根のにんにくしょうゆ漬け・・・・・・・・・・・・・・・・124
  - 大根とがんものごま煮・・・・・・・・・・・・・・・・・・・・125

- **●かぼちゃ** ・・・・・・・・・・・・・・・・・・・・・・・・・・**126**
  - マッシュかぼちゃ・・・・・・・・・・・・・・・・・・・・・・127
  - かぼちゃとパプリカのカレーピクルス・・・・・・・・・・・128
  - かぼちゃの煮物・・・・・・・・・・・・・・・・・・・・・・・・129

- **●ごぼう** ・・・・・・・・・・・・・・・・・・・・・・・・・・・・**130**
  - たたきごぼう・・・・・・・・・・・・・・・・・・・・・・・・・131
  - きんぴらごぼう・・・・・・・・・・・・・・・・・・・・・・・・132
  - ごぼうとにんじんの炊飯器蒸し・・・・・・・・・・・・・・・133

- **●にんじん** ・・・・・・・・・・・・・・・・・・・・・・・・・・**134**
  - にんじんのはちみつレモンバター煮・・・・・・・・・・・・135
  - キャロットラペ・・・・・・・・・・・・・・・・・・・・・・・・136
  - にんじん、ピーマン、ハムのオイスター炒め・・・・・・・137

- **●小松菜** ・・・・・・・・・・・・・・・・・・・・・・・・・・・・**138**
  - 小松菜とじゃこの煮びたし・・・・・・・・・・・・・・・・・139
  - 小松菜とコーンのバターしょうゆ炒め・・・・・・・・・・・140
  - 小松菜のごま炒め・・・・・・・・・・・・・・・・・・・・・・141

- **●きのこ** ・・・・・・・・・・・・・・・・・・・・・・・・・・・・**142**
  - きのこ、ブロッコリー、しらすの塩レモン蒸し・・・・・・143
  - きのこのピクルス・・・・・・・・・・・・・・・・・・・・・・144
  - きのこの明太子マヨ炒め・・・・・・・・・・・・・・・・・・145

- ●**切干し大根**・・・・・・・・・・・・・・・・・・・・・・・・・・・・**146**
  - 切干し大根のサラダ・・・・・・・・・・・・・・・・・・・・・・147
  - 切干し大根の煮物・・・・・・・・・・・・・・・・・・・・・・・148
  - 切干し大根のペペロンチーノ・・・・・・・・・・・・・・・・149
- ●**高野豆腐**・・・・・・・・・・・・・・・・・・・・・・・・・・・・・**150**
  - 高野豆腐のチンジャオロース風・・・・・・・・・・・・・・151
  - 高野豆腐の含め煮・・・・・・・・・・・・・・・・・・・・・・・152
  - 高野豆腐のステーキ風・・・・・・・・・・・・・・・・・・・・153
- ●**ひじき**・・・・・・・・・・・・・・・・・・・・・・・・・・・・・・・・**154**
  - ひじきと里芋のお焼き・・・・・・・・・・・・・・・・・・・・155
  - ひじきとブロッコリーのツナサラダ・・・・・・・・・・・156
  - ひじきの煮物・・・・・・・・・・・・・・・・・・・・・・・・・・・157

つくりおきおかずでつくる！
(朝つめるだけ) **ラクラク弁当**・・・・・・・・・・・・・・・・・・**158**

すき焼き弁当・・・・・・・・・・・・・・・・・・・・・・・・・・・・・・158
さけの焼きびたし弁当・・・・・・・・・・・・・・・・・・・・・・・160
野菜のヘルシーおむすび弁当・・・・・・・・・・・・・・・・・・162

| お弁当の
おかず
組み合わせ例 | 肉メインのお弁当 **A・B** ・・・・・・・・・・・・・・164
魚介メインのお弁当 **A・B** ・・・・・・・・・・・・・165
野菜メインのお弁当 **A・B** ・・・・・・・・・・・・・166
一品で簡単のっけ弁当 ・・・・・・・・・・・・・・・167 |

HISAKO メモ・・・・・・・・・・・・・・・・・・・・・・・・・・・・・108

素材別 INDEX・・・・・・・・・・・・・・・・・・・・・・・・・・・168

この本の使い方

決まりごと注意点

- 材料は基本的に「4人分」表記です。料理によっては「1〜2人分」、「つくりやすい分量」で紹介しています。
- 小さじ1＝5㎖(cc)、大さじ1＝15㎖(cc)、1カップ＝200㎖(cc)。米をはかるときの1合＝180㎖(150g)。
- 砂糖はきび砂糖（または上白糖）、塩は自然塩、しょうゆは濃口しょうゆ、みそは好みのみそ、酢は米酢、オリーブ油はエクストラバージン・オリーブ油を使用しています。
- 電子レンジは600wのものを目安にしています。
- レシピの火力は、とくに記述のない場合は「中火」です。
- レシピ内の「保存袋」とは、ジッパーつきの冷凍用保存袋(P.6)のことです。
- 「調理時間」は調理にかかる正味の時間の目安です。解凍したり、漬け込んだりする時間は含まれません。
- 「冷蔵期間」、「冷凍期間」の数値は目安です。保存日数に関わらず、早めに食べきるようにしましょう。

揚げ油の温度の目安

低温
140〜160℃

油に衣を落とすと、底まで沈み、ゆっくり浮き上がってくる状態。

中温
160〜180℃

油に衣を落とすと、中程まで沈み、すぐに浮き上がってくる状態。

高温
180〜200℃

油に衣を落とすと、沈まないでパッと散るように広がる状態。

この本の見方

この本では、6つのミニコラムで
「つくりおきおかず」の活用法や調理のコツ、
おいしく食べるためのアドバイスなどを紹介しています。

時間 調理時間
調理にかかる時間の目安。

冷蔵 冷蔵期間
調理後の冷蔵庫での保存期間の目安。

冷凍 冷凍期間
調理後の冷凍庫での保存期間の目安。加熱前の保存はそのつど記す。

つくりおき生活を楽しむための6つの便利コラム

調理のポイントやコツ、食べ方のアドバイスなど。

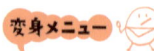

材料を足したり調理法を変えて楽しめるおかずのバリエーション。

食材を変えて楽しめるおかずのバリエーション。

調理済みのおかずを保存するポイント。

味つけアレンジ

味つけをアレンジして楽しめるおかずのバリエーション。

加熱調理する前のおかずを保存するポイント。

1章
ベースのつくりおき & アレンジレシピ

ベースのつくりおき&アレンジレシピ

ご飯にかけたり、混ぜご飯や卵とじ丼、野菜炒めのボリュームアップなどにも便利です。

鶏そぼろ

時間 20分　冷蔵 3日　冷凍 1か月

●材料（つくりやすい分量）

鶏ひき肉……300g
サラダ油……小さじ2
長ねぎ（みじん切り）……5cm
しょうが（みじん切り）……1かけ
しょうゆ・みりん……各大さじ4
白いりごま……適量

1. フライパンにサラダ油を熱し、長ねぎ、しょうがを炒める。
2. 香りが立ってきたら、ひき肉をほぐしながら加えて炒める。
3. しょうゆ、みりんを加え、汁けがなくなるまで炒り煮する。

保存 Point

冷めてから保存袋などに入れ、冷蔵または冷凍保存する。1回分ずつ小分けにして保存すると便利。

アレンジレシピ

かぼちゃのそぼろあんかけ	➡ P.17
里芋のそぼろ炒め	➡ P.18
そぼろ入りオムレツ	➡ P.19

ゆでたかぼちゃと煮るだけ！

(アレンジレシピ❶)
かぼちゃのそぼろあんかけ

時間 15分

● 材料（2人分）
かぼちゃ……1/6個
鶏そぼろ (P.16) ……50g
A ┌ 水……1/2カップ
  │ しょうゆ・みりん
  │   ……各大さじ1
  └ 片栗粉……小さじ2
しょうが（千切り）……1/2かけ

1. かぼちゃはくし形に切り、鍋に皮を下にして並び入れる。かぶるくらいの水を加えて火にかけ、やわらかくなるまでゆでる。
2. 1のゆで汁をきり、鶏そぼろ、Aを加えて、とろみがつくまで中火で煮て煮からめる。
3. 器に盛り、しょうがをのせる。

キッチンメモ

かぼちゃをくずさずに煮るコツは、ほどよいぴったりサイズの鍋で煮ること。煮くずれしやすいので、煮汁の中でなるべくゆれないように注意しましょう。Aは別鍋でつくってからめてもOK。

(ゆでた里芋と調味料を加えて炒めるだけ！)

(アレンジレシピ ❷)

里芋のそぼろ炒め

時間 15分

● 材料（2人分）

里芋……8〜10個
塩……少々
オリーブ油……大さじ1
にんにく（つぶす）……1かけ
鶏そぼろ (P.16)……50g
A ┌ マヨネーズ……大さじ1
　└ しょうゆ……少々
万能ねぎ（小口切り）……適量

1. 里芋はタワシなどでよく洗って泥を落とす。皮をむいて1cm幅に切り、塩をまぶして水洗いし、水けをきる。

2. 鍋に1を入れ、かぶるくらいの水を加えて火にかけ、竹串がすっと通るくらいのやわらかさになるまで15分ほどゆで、ザルに上げる。

3. フライパンにオリーブ油を熱してにんにく、2を加え、焼き色がつくまで炒めて鶏そぼろ、Aを加え炒める。器に盛り、万能ねぎをちらす。

キッチンメモ

里芋は水けをよく拭くと皮をむきやすいです。また、洗って半日天日干しにしてもむきやすくなります。

オムレツの具として玉ねぎと合わせて！

アレンジレシピ ❸
そぼろ入りオムレツ

時間 15分

● 材料（2人分）

卵……4個
塩……少々
A ┌ 玉ねぎ（みじん切り）……¼個
　└ パセリ（みじん切り）……適量
オリーブ油……小さじ1
鶏そぼろ (P.16)……100g
こしょう……少々
サラダ油……大さじ1
B ┌ トマトケチャップ……適量
　└ グリーンアスパラのソテー（あれば）
　　……適量

キッチンメモ
器に盛るときは、フライパンからオムレツを滑らせるようにするとくずさずに盛ることができます。

1. 耐熱容器にAを入れてオリーブ油をまぶし、ラップをかけて電子レンジで4分加熱して、鶏そぼろ、こしょうを混ぜ合わせる。

2. ボウルに卵2個を割りほぐし、塩を加えて混ぜ合わせる。

3. フライパンにサラダ油大さじ½を熱して2を流し入れ、端が固まりかけたらフライパンの半分より手前に1の半量をのせ、フライ返しで卵を折り返して、器に盛る（同様にもう1つつくる）。好みでBを添える。

ベースのつくりおき&アレンジレシピ

焼き野菜、ゆで野菜にのせたり、レタスで巻くのもおすすめ。
シナモンパウダーや五香粉を加えるとエスニック風に。

肉みそ

時間 20分　**冷蔵** 4日　**冷凍** 1か月

● 材料（つくりやすい分量）

豚ひき肉……300g
サラダ油……小さじ2
A ┌ 長ねぎ（みじん切り）……1/2本
　└ しょうが（みじん切り）……大さじ1
B ┌ 酒……大さじ2
　│ 砂糖・甜麺醤……各大さじ1
　└ みそ……大さじ3
塩・こしょう……各少々

1. フライパンにサラダ油を熱してAを炒め、香りが立ってきたら豚ひき肉を加え、ほぐしながら炒めて火を通す。
2. Bを加え、混ぜながら炒めて、塩、こしょうで調味する。

保存 Point

冷めてから保存袋などに入れ、冷蔵または冷凍保存する。1回分ずつ小分けにして保存すると便利。

アレンジレシピ

ピリ辛肉みそ奴	➡ P.21
肉みそうどん	➡ P.22
なすとピーマンの肉みそ炒め	➡ P.23

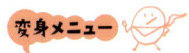

キムチと一緒に豆腐にのせるだけ！

アレンジレシピ ❶

ピリ辛肉みそ奴

時間 5分

● 材料 (2人分)

豆腐……1丁
白菜キムチ……適量
肉みそ (P.20) ……50g
青じそ……1枚
ごま油……適量

1. キムチは粗く刻み、肉みそはあたためる。
2. 器に豆腐を盛り、青じそをしいて **1** をのせ、ごま油をかける。

変身メニュー

焼いた厚揚げにのせてもおいしい。スティック野菜のディップにしたり、レタスで巻いて食べても。もちろん、ご飯にのせてもおいしい。

（アレンジレシピ❷）

肉みそうどん

時間　10分

● 材料（1人分）

ゆでうどん……1玉
肉みそ（P.20）……50g
万能ねぎ（斜め切り）……2本
A ┌ にんにく（すりおろし）……小さじ1/2
　 └ ラー油（具の入っているタイプ）
　　……適量
白いりごま……大さじ1
ごま油……小さじ2

1. うどんは熱湯であたためてザルに上げ、水けをきって器に盛る。
2. 万能ねぎを散らして、あたためた肉みそをのせる。
3. Aをのせてごまをふり、ごま油を回しかける。

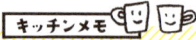

冷凍うどんをストックしてあれば、あっという間につくれます。お好みで、ゆでキャベツ、ゆでもやしなどをトッピングしても。

野菜と調味料と炒め合わせるだけ！

アレンジレシピ ❸

なすとピーマンの肉みそ炒め

時間 15分

● 材料（2人分）

なす……1本
ピーマン……2個
サラダ油……大さじ1
A ┌ 酒……大さじ2
  │ みそ……大さじ1
  └ 豆板醤……小さじ1
肉みそ (P.20) ……50g

1. なす、ピーマンは乱切りにする。
2. フライパンにサラダ油を熱し、1を入れて炒める。
3. 火が通ったらAを加えて混ぜ合わせ、肉みそを加え、さらに炒める。

材料スイッチ

春の新たけのこや新じゃが、冬の大根でもおいしいですよ。

ベースのつくりおき&アレンジレシピ

丼物はもちろん、野菜と煮たり、麺類の具としても重宝します。
牛肉は火を入れ過ぎると硬くなるので、さっと仕上げるのがコツ。

牛肉と玉ねぎ煮

時間 15分　冷蔵 3日　冷凍 1か月

● 材料 (つくりやすい分量)

牛切り落とし肉……300g
玉ねぎ……1個
サラダ油……大さじ1
A ┌ 水……1カップ
　├ 砂糖……大さじ4
　├ 塩……ひとつまみ強
　└ しょうゆ・みりん……各大さじ2

1. 玉ねぎは1cm幅のくし形に切る。
2. フライパンにサラダ油を熱して1を炒め、油が回ったら牛肉も広げながら加えて焼く。
3. Aを加え、ひと煮立ちしたら火を止める。

保存 Point

冷めてから汁ごと保存袋などに入れ、冷蔵または冷凍保存する。1食分ずつ小分けにして保存すると便利。

 アレンジレシピ

牛肉と玉ねぎのエスニックスープ	➡ P.25
レンジ肉じゃが	➡ P.26
牛玉丼	➡ P.27

24

> 具と水と一緒に煮るだけ！

ベースのつくりおき&アレンジレシピ ― 牛肉と玉ねぎ煮 ― 牛肉と玉ねぎのエスニックスープ

アレンジレシピ ❶
牛肉と玉ねぎのエスニックスープ

時間 ▶ 10分

● 材料（1人分）

牛肉と玉ねぎ煮（P.24）……50g
水……1カップ
トマト（くし形に切る）……小1個
セロリ（千切り）……5cm
A ┌ ナンプラー……大さじ1
  │ 塩……小さじ1/2
  └ こしょう……少々
パクチー……少々
タバスコ（あれば）……適量

1. 鍋に牛肉と玉ねぎ煮、水を入れて火にかけ、沸騰したらトマト、セロリを加え、再び沸騰したら弱火にする。

2. Aを加えて味をととのえ、器に盛る。パクチーをのせ、好みでタバスコを加える。

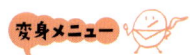

変身メニュー

汁かけご飯にしてもおいしいですよ！

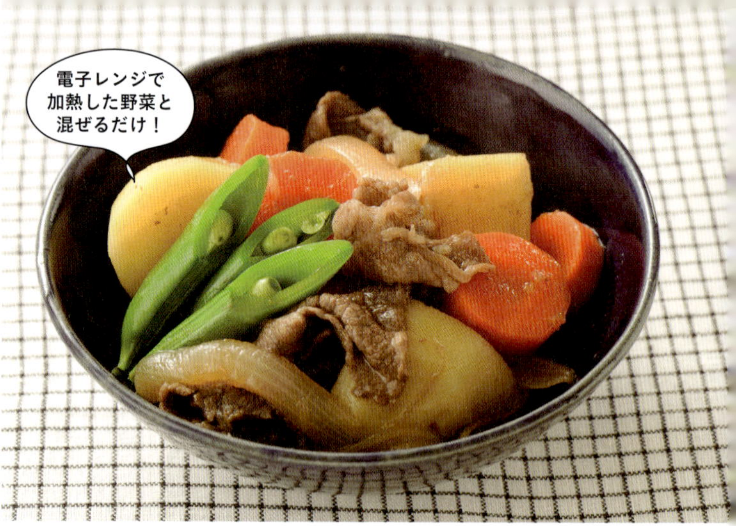

（アレンジレシピ ❷）

レンジ肉じゃが

時間 15分

● 材料（2人分）

じゃがいも……大1個
にんじん……1/2本
牛肉と玉ねぎ煮の煮汁 ……1カップ
牛肉と玉ねぎ煮 (P.24) ……50g
スナップえんどう（ゆでたもの）
　　……適量

1. じゃがいも、にんじんは皮をむき、食べやすい大きさに切る。
2. 大きめの耐熱容器に**1**、煮汁を入れ、ラップをして端を少し開け、電子レンジでやわらかくなるまで10分加熱する。
3. 牛肉玉ねぎ煮を加え、ざっくり混ぜて器に盛り、スナップえんどうを添える。

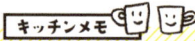

冷めるまでおくと味がよくしみますよ。

フライパンで煮て卵でとじるだけ！

アレンジレシピ ❸
牛玉丼

時間 15分

● 材料（1人分）

牛肉と玉ねぎ煮 (P.24) ……50g
牛肉と玉ねぎ煮の煮汁 ……1/2カップ
溶き卵……2個分
みつば（ざく切り）……適量
七味唐辛子……少々
ご飯……適量

1. 小さめのフライパン（または親子鍋）に牛肉と玉ねぎ煮、煮汁を入れて火にかけ、沸騰したら溶き卵を回し入れる。
2. フライパンを回しながら、卵が半熟になるまで火を通し、ご飯を盛った器に盛る。
3. みつばをのせて、好みで七味唐辛子をふる。

ベースのつくりおき&アレンジレシピ

煮立てないように丁寧にゆでると、お肉がしっとり仕上がり、スープも濁りません。ゆで汁はスープなどに使いましょう。

ゆで鶏

| 時間 | 25分 | 冷蔵 | 3日 | 冷凍 | 1か月 |

● 材料（つくりやすい分量）

鶏もも肉……1枚
水……1.5ℓ
しょうが（薄切り）……3枚（10g）
塩……小さじ1

1. すべての材料を鍋に入れ、火にかける。
2. 沸騰したらアクを取って弱火にし、煮立てないように約20分ゆでる。

保存 Point

ゆで汁につけたまま密閉して保存袋などに入れ、冷蔵または冷凍保存する。スープだけ保存しても。

アレンジレシピ

ゆで鶏のスパイシーねぎソース	➡ P.29
大根と鶏肉の煮物	➡ P.30
フォー・ガー	➡ P.31

> 切ってねぎソースをかけるだけ！

ゆで鶏

（アレンジレシピ ❶）
ゆで鶏のスパイシーねぎソース

時間 15分

● 材料（2人分）

ゆで鶏（P.28）……1枚
- 長ねぎ（みじん切り）……1/3本
- しょうが（みじん切り）……1かけ
- にんにく（みじん切り）……1/2かけ
- A 砂糖・しょうゆ……各大さじ1
- 酢……大さじ3
- 豆板醤……小さじ1
- ごま油……小さじ2

1. ボウルなどにAを入れ、混ぜてねぎソースをつくる。
2. ゆで鶏は食べやすく切り分けて器に盛り、1をかける。

変身メニュー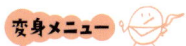

ねぎソースは、冷奴やタン塩焼き、豚バラ焼き、豚しゃぶのたれなどにもおすすめ。

> 乱切りにした大根と蒸し煮にするだけ！

(アレンジレシピ ❷)

大根と鶏肉の煮物

時間 15分

●材料（2人分）

ゆで鶏（P.28）……1/2枚
大根……1/6本
┌ ゆで鶏のゆで汁 ……1カップ
A │ しょうゆ・みりん
└ ……各小さじ2
みつば（ざく切り）……適量

1. ゆで鶏はひと口大に切る。大根は皮をむき、ひと口大の乱切りにする。
2. 鍋に大根、Aを入れて火にかけ、ふたをして10分蒸し煮にする。
3. 大根に竹串がすっと通るくらいにやわらかくなったらゆで鶏を加え、ひと煮立ちしたら火を止める。器に盛り、みつばをのせる。

キッチンメモ

ゆで汁はみそ汁のだし汁として使ってもおいしいですよ。いつもの具材でも味の変化が楽しめます。

スープをつくってゆで麺を入れるだけ！

（アレンジレシピ ❸）
フォー・ガー (ベトナム風うどん)

時間 20分

● 材料（1人分）

- ゆで鶏（P.28）……1/6枚
- ゆで鶏のゆで汁……250ml
- もやし……1/4袋
- 赤玉ねぎ（薄切り）……1/8個
- 米麺（フォー）……50g
- A ┌ ナンプラー……大さじ2
  └ 塩・こしょう……各少々
- B ┌ 生ミントの葉・パクチー・
  │ 万能ねぎ・青じそなど（好みで）
  └ ……たっぷり
- カットレモン……1/8個分
- 粗びき黒こしょう……少々

1. ゆで鶏は薄くスライスし、もやしはひげ根を取って水洗いし、赤玉ねぎは薄切りにする。
2. 鍋にゆで汁を入れて火にかけ、煮立ったらAで調味する。
3. 米麺は熱湯でゆでてザルに上げ、水けをきって2に入れる。
4. 器に2を盛り、1、B、レモンをのせてこしょうをふる。

材料スイッチ

麺はそうめんや稲庭うどんなどでも。ゆで汁がない場合は、湯250mlに鶏ガラスープの素（顆粒）大さじ1を溶かしたものでOK。

ベースのつくりおき&アレンジレシピ

辛めがお好みならチリパウダー、カイエンヌペッパーを加えて。
仕上げにガラムマサラをふって、さらにスパイシーに仕上げても。

キーマカレー

時間 20分　**冷蔵** 3日　**冷凍** 1か月

保存 Point

冷めてから汁ごと保存袋などに入れ、冷蔵または冷凍保存する。1食分ずつ小分けにして保存すると便利。

アレンジレシピ

ジャージャー麺 温玉のせ	➡ P.34
焼きカレードリア	➡ P.35
カレー風味の春雨スープ	➡ P.36

キーマカレー

●材料（つくりやすい分量）
合いびき肉……300g
サラダ油……大さじ1
しょうが（みじん切り）……1かけ
にんにく（みじん切り）……1かけ
玉ねぎ（みじん切り）……1個
にんじん（5mm角に切る）……1/2本
ピーマン（5mm角に切る）……2個

A ┌ カレー粉……大さじ1
  └ シナモンパウダー……小さじ1
トマト水煮（缶詰・カットタイプ）
　……1缶
塩……小さじ2
こしょう……少々

1. フライパンにサラダ油を熱して、しょうが、にんにくを炒め、香りが立ってきたら玉ねぎを加え炒める。玉ねぎはあまり動かさずに焼き色がついてから返す。

2. ひき肉を加えて強火にし、ほぐしながら炒める。肉に火が通ったらにんじん、ピーマン、Aを加え、さらに炒める。

3. トマト水煮を加え、煮汁が半量になるまで煮つめて塩、こしょうで味をととのえる。

材料スイッチ

シナモンパウダーの代わりに五香粉（ウーシャンフェン）を使うとより本格的な味わいに。

キッチンメモ

ご飯だけでなく、ゆでゆどんにかけたり、パンにのせてオーブントースターで焼いてもおいしい。細切りにした生野菜と一緒にトルティーヤで巻けば、おつまみにも。トマト水煮はホールタイプをつぶしながら加えてもOK。

> ゆでた中華麺に具と一緒にのせるだけ！

(アレンジレシピ ❶)

ジャージャー麺 温玉のせ

時間 15分

● 材料（1人分）

中華麺……1玉
キーマカレー（P.32）……100g
A ┌ **きゅうり**（千切り）……1/3本
 └ **白髪ねぎ**……5cm分
温泉卵（市販）……1個
ラー油（あれば）……適量

1. 麺は袋の表示通りにゆで、器に盛る。
2. キーマカレー、Aをのせ、温泉卵をのせる。好みでラー油をかける。

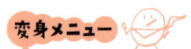 変身メニュー

麺をご飯に代えて、丼にしても。その場合は、きゅうりは粗みじん切り、長ねぎは小口切りでOK。

ご飯＆マヨネーズと混ぜて焼くだけ！

(アレンジレシピ❷)
焼きカレードリア

時間 15分

● 材料（2人分）
ご飯……茶碗1杯分
キーマカレー（P.32）……100g
マヨネーズ……大さじ1
ピザ用チーズ……40g
パセリ（みじん切り）……適量

1. ボウルにご飯、キーマカレー、マヨネーズを入れ、よく混ぜて耐熱器に盛り、ピザ用チーズをかける。
2. オーブントースターで約10分、チーズが溶けてこんがり焼き色がつくまで焼く。好みでパセリをかける。

変身メニュー

ご飯に溶き卵を混ぜるとさらにおいしさアップ。キーマカレーとマヨネーズを混ぜてパンにのせ、カレーピザトーストにするのもおすすめ。

スープで煮て具を入れるだけ！

（アレンジレシピ ❸）

カレー風味の春雨スープ

時間 15分

● 材料（2人分）

春雨……30g
A ┌ 水……2カップ
  └ 鶏ガラスープの素（顆粒）……小さじ2
キャベツ（ざく切り）……1枚
酒……大さじ1
キーマカレー（P.32）……50g
B ┌ 塩……小さじ1
  └ こしょう・しょうゆ……各少々
魚肉ソーセージ（斜め切り）……4枚
粒コーン（缶詰）……大さじ1
万能ねぎ（小口切り）……適量

1. 鍋にAを入れて火にかけ、沸騰したら春雨を入れてゆでる。春雨はキッチンバサミで適当な長さに切り、キャベツを加える。

2. 酒、キーマカレーを加えて混ぜ、Bで味をととのえる。

3. 器に盛り、焼いたソーセージ、粒コーンをのせ、万能ねぎを散らす。

キッチンメモ

春雨はメーカーによっては強くからまっている場合があるので、適量でOK。ゆでてからキッチンバサミで切れば簡単です。

2章
肉・魚介の
つくりおきおかず

主菜

鶏もも肉

骨を取り除いた足の肉。肉質は硬めで、うまみとコクがある。
揚げ物の他、ソテーや照り焼きなどにむく。

1枚
(280g)

調理のPoint

余分な脂（黄色っぽい部分）は取り除く。
厚みを均一に切り開く。

つくりおきレシピ

鶏もも肉の1:1:1煮	➡ P.39
鶏もも肉の塩麹＆マーマレード漬け焼き	➡ P.41
鶏の唐揚げ	➡ P.43

鶏もも肉の1:1:1煮

強火にし過ぎると肉が硬くなるので注意して。

| 時間 | 25分 | 冷蔵 | 3日 | 冷凍 | 1か月（加熱する前の状態で） |

● 材料（4人分）
鶏もも肉 ……2枚
A ┌ サラダ油……¼カップ
　├ しょうゆ……¼カップ
　└ 酢……¼カップ

1. 鶏肉は厚みを均一に切り開き、余分な脂を取り除く。
2. 鍋にA、1は皮目を下にして入れ、落としぶたをして弱めの中火にかけて10分煮る。
3. 裏返して、落としぶたをしてさらに5分煮て、食べやすい大きさに切る。刻んだキャベツやレタス、ゆでたもやしなどに煮汁ごとのせて食べるとおいしい。

加熱前の 保存 Point

汁（A）ごと保存袋に入れて冷凍保存も可。冷蔵庫で自然解凍してから同様に調理する。

キッチンメモ

ご飯とともに「のっけ弁当」（P.167）にも！

主菜・肉のおかず

鶏もも肉

鶏もも肉の1:1:1煮

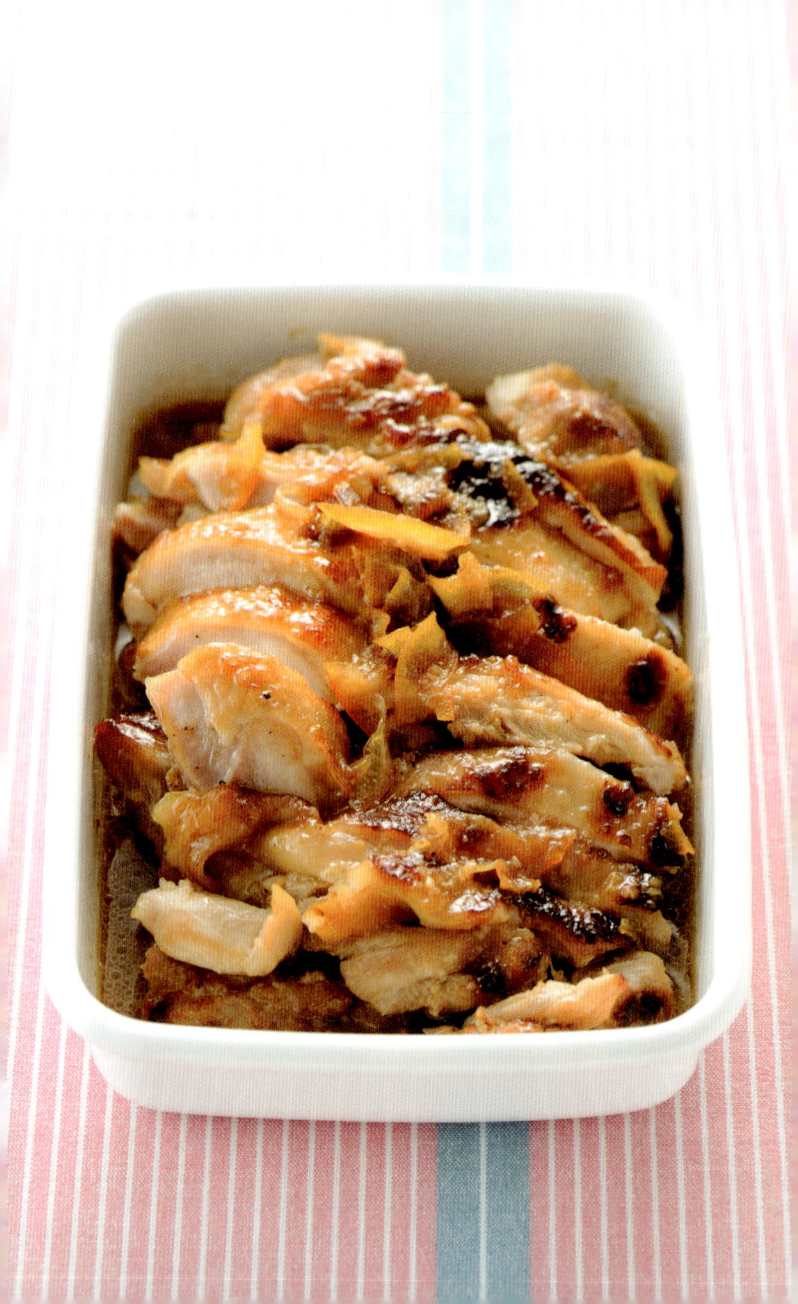

鶏肉の塩麹＆
マーマレード漬け焼き

塩麹＆マーマレードでやわらかフルーティな照り焼きに。

| 時間 | 25分 | 冷蔵 | 3日 | 冷凍 | 1か月 (加熱する前の状態で) |

● 材料（4人分）
鶏もも肉……2枚
A ┌ 塩麹……大さじ2
　│ 酒・マーマレード……各大さじ4
　└ しょうゆ……小さじ2
サラダ油……大さじ1

1. 鶏肉は厚みを均一に切り開いて余分な脂を取り除き、保存袋に入れてAを加え、袋の上からよくもみ込み、冷蔵庫で30分ほど漬け込む。

2. フライパンにサラダ油を熱し、汁けをきった1を入れて皮目から焼き、焼き色がついたら裏返してふたをし、4〜5分弱めの中火で蒸し焼きにする。

3. ふたを取って1の漬け汁を加え、煮つめながら肉にからめる。食べやすく切り分けて、器に盛る。

材料スイッチ
ジャムはアプリコットジャムやブルーベリージャムでつくってもおいしい。

加熱前の 保存Point
汁（A）ごと保存袋に入れて冷凍保存。冷蔵庫で自然解凍してから同様に調理する。

キッチンメモ
ざく切りにしてゆでたキャベツや刻んだレタスの上に鶏肉をのせ、焼き汁をかけて野菜と一緒にいただきましょう。

加熱前の
保存
Point

汁（**A**）ごと保存袋に入れて冷凍保存。冷蔵庫で自然解凍してから同様に調理する。

キッチンメモ

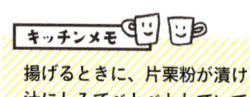

揚げるときに、片栗粉が漬け汁にしみてべとべとしていても大丈夫です。

鶏の唐揚げ

衣にシナモンパウダーを加えるのがポイント。

時間 **35分**　冷蔵 **3日**　冷凍 **1か月**（加熱する前の状態で）

● 材料（4人分）
鶏もも肉……2枚
塩・こしょう……各少々
A ┌ 酒……大さじ2
　│ しょうゆ……大さじ1
　│ 溶き卵……1個分
　│ しょうが（すりおろし）……小さじ2
　└ シナモンパウダー……小さじ1/2
片栗粉・揚げ油……各適量

1. 鶏肉は厚みを均一に切り開いて余分な脂を取り除き、ひと口大に切って塩、こしょうをふる。
2. 保存袋に入れてAを加え、袋の上からよくもみ込み、冷蔵庫で15分以上漬け込む。
3. 2は片栗粉をまぶし、180℃に熱した揚げ油できつね色になるまで揚げる。油の温度を190℃に上げ、さっと2度揚げして引き上げる。

材料スイッチ

シナモンパウダーの代わりに五香粉を使うと、さらに本格的な味わいに。

鶏むね肉

胸の部分の肉。脂肪が少なく、肉質はやわらかい。
淡白な味わいで、どんな料理にも向く。

1枚
(270g)

調理のPoint

余分な脂（黄色っぽい部分）は取り除く。
厚みを均一に切り開く。

つくりおきレシピ

鶏肉のクリーム煮	➡ P.45
鶏むね肉のロール蒸し	➡ P.46
鶏むね肉のチーズサンド揚げ	➡ P.47

鶏肉のクリーム煮

さっと煮るだけでかんたんにおいしくつくれる。

時間 25分　冷蔵 3日　冷凍 1か月

● 材料（4人分）

鶏むね肉 …… 1枚
かぶ …… 2個
薄力粉 …… 大さじ4
バター …… 40g
牛乳・水 …… 各1カップ
塩 …… 小さじ1
こしょう …… 少々
粒コーン（缶詰）…… 大さじ4

キッチンメモ

かぶは火が入ると余熱でどんどんやわらかくなるので、好みの食感になる手前で火を止めましょう。

1. 鶏むね肉はめん棒などでたたいてのばしてから、ひと口大に切る。かぶは葉を1cm残してくし形に切り、葉は長さ3cmに切る。

2. 1に薄力粉をまぶす。

3. フライパンにバターを熱し、2を入れて炒める。火が通ったら牛乳を少しずつ加え、へらなどでとろみがつくまで混ぜる。

4. 水を加え、かぶがやわらかくなったら塩、こしょうで調味してコーンを加える。

主菜・肉のおかず

鶏むね肉 — 鶏肉のクリーム煮

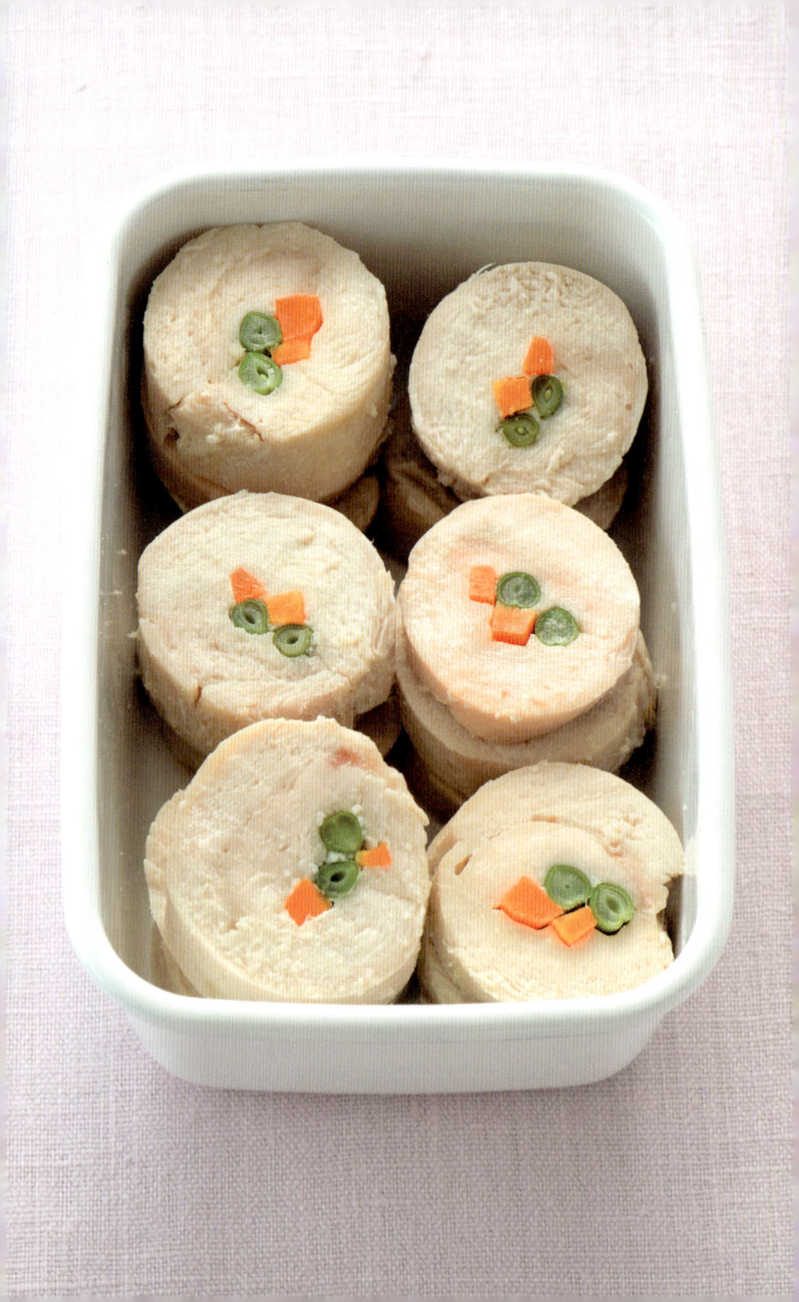

鶏肉のしっとりロール

余熱でゆっくり火を入れることでしっとり仕上がる。

時間 **40分** ｜ 冷蔵 **3日** ｜ 冷凍 **1か月**

● 材料（4人分）
鶏むね肉 ……2枚
A ┌ 塩……小さじ1
　└ にんにく（すりおろし）……1かけ
にんじん……1/6本
さやいんげん……4本

1. 鶏肉は厚みを均一に切り開いて余分な脂を取り除き、Aをすり込む。にんじんは5mm角の棒状に切る。

2. 鶏肉を広げてにんじん、さやいんげんを2本ずつのせて棒状に巻き、ラップで巻いて両端をしっかり閉じる。保存袋に入れてしっかり口を閉じる。

3. 鍋に湯を沸かして弱火にし、2を入れて落としぶたをして全体が湯につかるようにおさえて3分ゆで（2本一緒にゆでる場合は5分）、火を止める。

4. 鍋にふたをしてそのままおき、完全に冷めるまで余熱で火を入れる。

ラップの両端をしっかりキャンディ包みにして保存袋に入れ、ゆでる。

鶏肉のチーズサンド揚げ

サクサク衣でやわらかくあっさりとした味わい。

| 時間 | 30分 | 冷蔵 | 3日 | 冷凍 | 1か月 (加熱する前の状態で) |

● 材料（4人分）

鶏むね肉……1枚
塩・こしょう……各少々
A ┌ とろけるチーズ（半分に切る）……4枚
  └ 青じそ……4枚
薄力粉・パン粉（生）・揚げ油……各適量
溶き卵……1個分

1. 鶏肉は厚みを均一に切り開いて余分な脂を取り除き、ラップではさんでめん棒などでたたいて薄くのばす。

2. ラップをはずし、厚さ5mmくらいの削ぎ切りにして塩、こしょうをふり、2枚の肉でAをはさむ。

3. 2は薄力粉、溶き卵、パン粉の順につけ、180℃に熱した油できつね色に揚げて、油をきる。

加熱前の 保存 Point

冷凍保存する場合は、アルミトレーにのせて冷凍庫で急速冷凍し、1個ずつラップで包んでから保存袋に入れ、保存する。

キッチンメモ

肉の繊維質をめん棒で壊すことでやわらかくなります。2枚の肉ではさまずに、くるくると巻き込んでコロコロにしてもOK。

主菜●肉のおかず

鶏むね肉

鶏肉のチーズサンド揚げ

鶏手羽元・手羽中

翼の部分の肉。中央の間接で手羽元と手羽先に分かれる
（手羽中は手羽先の手指を除いたもの）。
ゼラチン質や脂肪分を多く含み、おいしいだしが取れる。

手羽元 1 本
（45g）

（手羽中＝ 25g）

調理の Point

骨に沿って切り込みを入れると、
食べるときに身がはがれやすい。

つくりおきレシピ

鶏手羽中のトマト煮込み	➡ P.51
フライドチキン	➡ P.52
鶏手羽元のお酢煮	➡ P.54

鶏手羽中のトマト煮込み

炒めて煮るだけなのに本格的な味わいに。

時間 **35分**　冷蔵 **3日**　冷凍 **1か月**

● 材料（4人分）

鶏手羽中 ……20本
オリーブ油……大さじ1
A ┬ 玉ねぎ（くし形に切る）……1/4個
　├ じゃがいも（ひと口大に切る）……1個
　└ ローリエ……1枚
水……1カップ
B ┬ トマト水煮（缶詰・カットタイプ）……1缶
　├ ミックスビーンズ（市販）……100g
　└ 八角（あれば）……少々
塩……小さじ1
こしょう……少々

1. 手羽中は塩少々（分量外）をふって10分おき、ペーパータオルで水けを拭く。

2. 鍋にオリーブ油を熱して**1**を炒め、焼き色がついたら**A**を加えて炒める。水を加え、弱火にして約10分、じゃがいもがやわらかくなるまで煮る。

3. **B**を加えて5分煮て、塩、こしょうで調味する。

味つけアレンジ

辛めがお好みなら、種を除いた赤唐辛子を加えても。肉は鶏もも肉（ひと口大）でも。

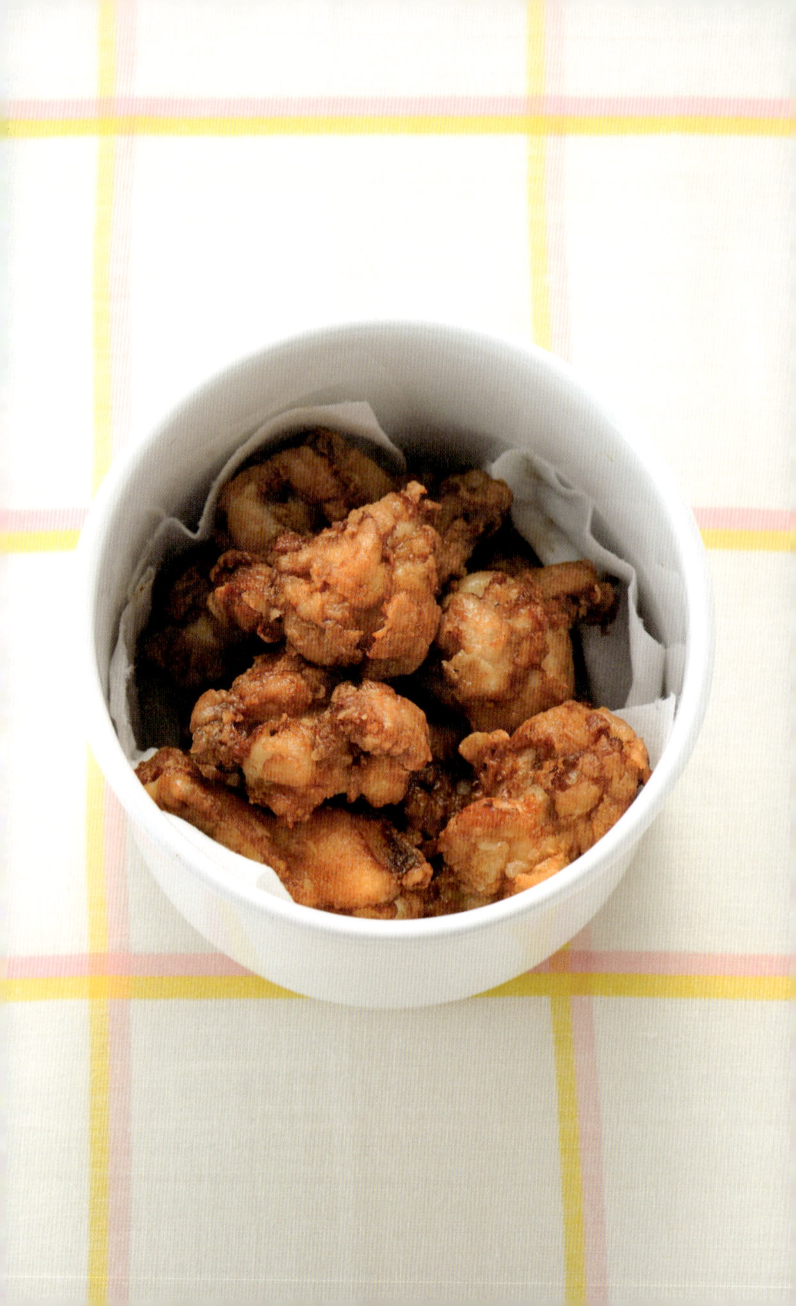

フライドチキン

揚げても焼いてもおいしいレシピです。

時間 **40分**　冷蔵 **3日**　冷凍 **1か月**（加熱する前の状態で）

● 材料（4人分）

鶏手羽元……12本
A ┌ 酒・しょうゆ……各大さじ2
　│ しょうが……1かけ
　└ にんにく……1かけ
薄力粉……適量

1. 手羽元は骨に沿って切り込みを入れる。しょうが、にんにくは、めん棒や包丁の腹などを押し当ててつぶす。
2. 保存袋に**1**、Aを入れ、袋の上からよくもみ込み、冷蔵庫で30分ほど漬け込む。
3. **2**は汁けをきって薄力粉をまぶし、180℃に熱した油できつね色に揚げて、油をきる。

加熱前の 保存 Point

汁（A）ごと保存袋に入れて冷凍保存。冷蔵庫で自然解凍してから同様に調理する。

変身メニュー

揚げずに、魚焼きグリルで10分焼くと「鶏手羽のにんにくじょうゆ焼き」になります。ぜひお試しあれ。

材料スイッチ

漬けだれ（A）は、しょうがまたはにんにくだけでもOK。ピリ辛味にするなら、豆板醤小さじ1を加えても。2～3回はつぎ足しで使い回し可能。

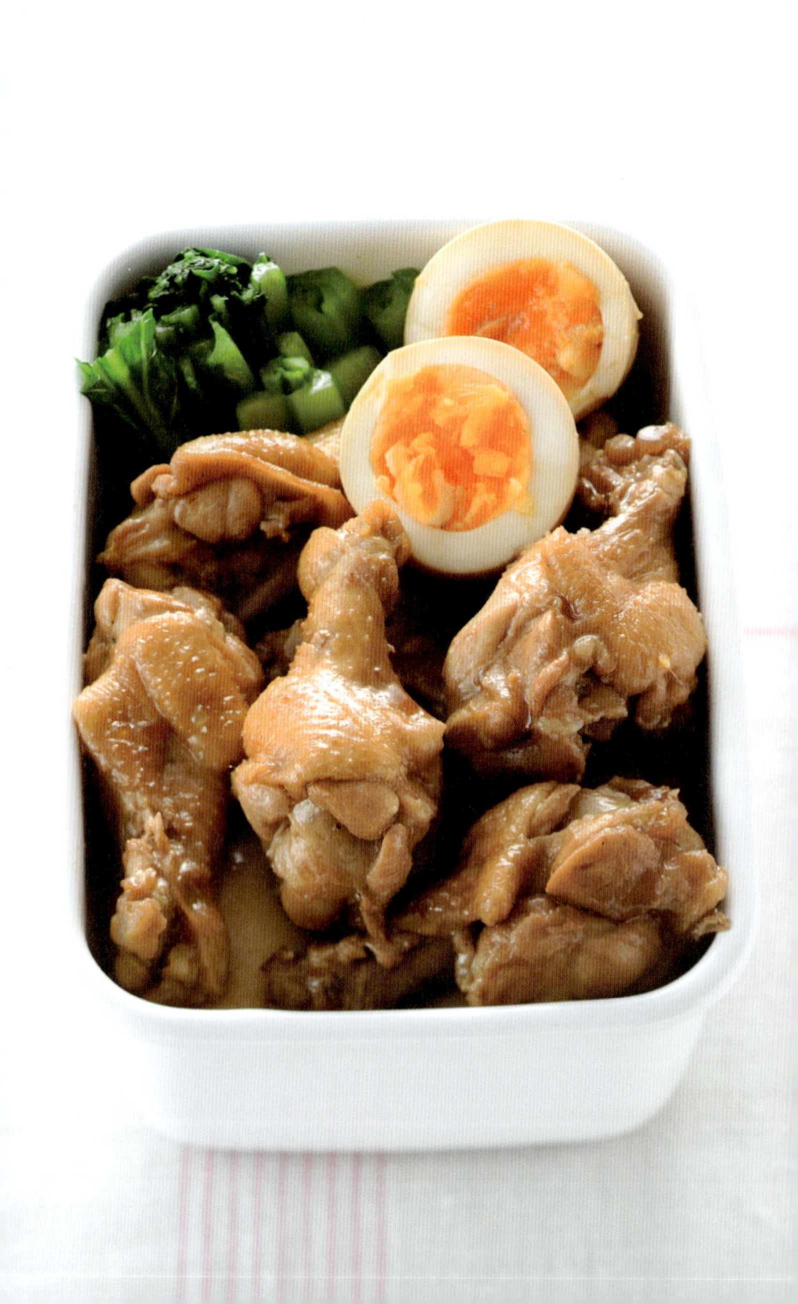

鶏手羽元のお酢煮

ほどよい酸味でさっぱりといただける。

時間 20分　冷蔵 3日　冷凍 1か月

● 材料（4人分）
鶏手羽元……12本
塩・こしょう……各少々
A ┌ 水……1/4カップ
　│ 砂糖……大さじ2
　│ しょうゆ・酢……各1/4カップ
　└ 塩・こしょう……各少々
ゆで卵……3個
ゆで小松菜……1株分

1. 手羽元は骨に沿って切り込みを入れ、軽く塩、こしょうをふる。
2. 鍋に1、Aを入れて火にかけ、落としぶたをして15分煮る。
3. 味つき卵をつくる。2の煮汁の粗熱を取ってから保存袋に入れ、ゆで卵を入れて全体がつかるように袋ごと小さめのボールなどに入れて30分以上漬け込む。

[ゆでたまごの作り方]
卵のおしり（丸い方）にフォークなどで小さな亀裂を入れ（殻がむきやすくなる）、熱湯に静かに入れて、卵がくらくら揺れるくらいの火加減で8分ゆでる。すぐに水に取り、殻全体にひびを入れて殻をむく。

キッチンメモ
味つき卵、ゆで小松菜は、お好みで加えてください。

鶏ひき肉

鶏肉を肉ひき機で細かくひいたもの。
脂肪分や味わいは使う部位によって違う。
豚ひき肉よりは淡白な味わい。肉団子やそぼろ、炒め物に向く。

200g

調理の Point

練るときは、ねばりが出るまで手でよく練る。
日もちしないので新鮮なうちに使い切る。

つくりおきレシピ

れんこんはさみ焼き	➡ P.57
鶏つくね	➡ P.58
ガパオ風	➡ P.60

れんこんのはさみ焼き

しゃきしゃきれんこんでつくねをはさんで焼き上げる。

時間 **25分**　冷蔵 **3日**　冷凍 **1か月**

●材料（4人分）

れんこん……1節
薄力粉……適量
A ┌ 鶏ひき肉……200g
　├ しいたけ（みじん切り）……2枚
　├ しょうが（みじん切り）……1かけ
　├ 青じそ（千切り）……3枚
　├ 酒・片栗粉……各大さじ1
　└ 塩……小さじ1/3
サラダ油……大さじ1
B ┌ 酒……大さじ2
　└ しょうゆ・みりん……各大さじ1

1. ボウルにAを入れ、ねばりが出るまで手でよく練る。
2. れんこんは厚さ5mmに切り、1をスプーンすくって断面にのせ、もう1枚ではさんで全体に薄力粉をまぶす。
3. フライパンにサラダ油を熱して2を焼く。焼き色がついたら裏返し、Bを加えてふたをして弱火で3分蒸し焼きにする。

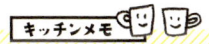

キッチンメモ
れんこんは、大きさにより半分に切って使ってください。

主菜・肉のおかず　鶏ひき肉　れんこんのはさみ焼き

鶏つくね

さっぱり味でヘルシーな照り焼き風。

| 時間 | 25分 | 冷蔵 | 3日 | 冷凍 | 1か月 (加熱する前の状態で) |

● 材料（4人分）

鶏ひき肉 …… 400g
A ┌ 豆腐 (水きりする) …… 1丁 (200g)
　│ 卵黄 …… 1個
　│ 酒・白いりごま …… 各大さじ2
　│ 塩 …… 小さじ1/3
　│ しょうゆ …… 小さじ2
　│ 長ねぎ (みじん切り) …… 1本
　└ しょうが (みじん切り) …… 1かけ
サラダ油 …… 大さじ1
B ┌ 水 …… 1/2カップ
　│ めんつゆ (2倍濃縮) …… 大さじ2
　│ しょうがのしぼり汁 …… 小さじ1
　└ 片栗粉 …… 小さじ2
C ┌ 万能ねぎ (小口切り)・白いりごま
　└ …… 各少々

1. ボウルに鶏肉、Aを入れ、ねばりが出るまで手でよく練る。
2. フライパンにサラダ油を熱し、1をスプーンでひと口大ずつすくって入れ、両面をこんがり焼く。
3. 2によく混ぜたBを加え、フライパンをゆすりながらとろみがつくまで煮からめる。器に盛り、Cをかける（保存する場合、Cは食べるときにかける）。

加熱前の 保存 Point

味つけして保存袋に入れ、冷蔵または冷凍保存する。菜箸などで筋をつけて冷凍すると、必要分だけ折って使える。

キッチンメモ

お弁当用につくりおく場合は、大きさを加減しましょう。3倍濃縮のめんつゆを使う場合は、「めんつゆ20ml＋水10ml」を加えます。

主菜・肉のおかず

鶏ひき肉 — 鶏つくね

材料スイッチ 😊←→😊

ナンプラーをしょうゆに代えると、中華風の味つけに。

キッチンメモ

赤唐辛子は乾燥したまま炒めると焦げやすいので、水につけてから使いましょう。キッチンバサミならきれいに切れます。ひき肉は、少し固まりが残るくらいに炒めると食感がよくなります。ご飯とともに「のっけ弁当」(P.167)にも！

ガパオ風そぼろ

エスニック風味のピリ辛そぼろ。

時間 20分　冷蔵 3日　冷凍 1か月

● 材料（2〜3人分）
鶏ひき肉……200g
サラダ油……大さじ1
A ┌ 赤唐辛子……1本
　├ にんにく（みじん切り）……1/2かけ
　└ 玉ねぎ（みじん切り）……1/4個
なす……1本
ピーマン（赤・黄・乱切り）……1個（1/2ずつ）
B ┌ 酒……大さじ2
　├ 砂糖……小さじ1/2
　├ オイスターソース……大さじ1
　├ ナンプラー……小さじ2
　└ こしょう……少々
生バジルの葉（ちぎる）……5〜6枚

1. 赤唐辛子は水につけて戻し、輪切りにする。なすはへたを切って縦半分に切り、繊維方向に厚さ5mmくらいの薄切りにする。

2. フライパンにサラダ油を熱し、**A**を入れて炒める。油が回ったらひき肉を加え、ほぐしながら炒める。

3. なす、ピーマンを入れ、**B**を加えて調味する。バジルを加え、ひと混ぜする。

豚こま切れ肉

各部位の切れ端肉。もも、肩、バラ肉などが混ざり形も不揃いで、比較的安価で入手できる。炒め物や煮物などに向く。

200g

調理のPoint

よく炒めて味をからめる。
小分けにして冷凍保存しておくと便利。

つくりおきレシピ

豚肉とチンゲン菜のオイスターソース煮	➡ P.63
豚肉とじゃがいものカレーきんぴら	➡ P.64
ポークビーンズ	➡ P.65

豚肉とチンゲン菜のオイスターソース煮

ご飯にかけて中華丼にしてもおいしい。

時間 20分　冷蔵 3日　冷凍 1か月

● 材料（2〜3人分）
- **豚こま切れ肉** ……200g
- 塩・こしょう……各少々
- 片栗粉……大さじ1
- チンゲン菜……1株
- サラダ油……大さじ1
- しょうが（みじん切り）……1かけ
- にんにく（みじん切り）……1かけ
- しいたけ……4枚
- パプリカ（赤）……1/6個
- A
  - 水……1カップ
  - 鶏ガラスープの素（顆粒）……小さじ1
  - 酒……大さじ1
  - オイスターソース……大さじ2
  - 片栗粉……小さじ2

1. 豚肉は1枚ずつはがして軽く塩、こしょうをふり、片栗粉をまぶす。チンゲン菜は葉を1枚ずつはがしてよく洗い、茎の部分は削ぎ切り、葉はざく切りにする。

2. フライパンにサラダ油を熱してしょうが、にんにくを炒め、香りが立ってきたら**1**の豚肉を加える。豚肉に火が通ったら、しいたけ、パプリカ、チンゲン菜を入れる。

3. **A**はよく混ぜ、**2**に混ぜながら加えて調味し、とろみがついたら火を止める。

主菜・肉のおかず

豚こま切れ肉　豚肉とチンゲン菜のオイスターソース煮

豚肉とじゃがいものカレーきんぴら

じゃがいものシャキシャキ感とカレー風味がおいしい。

時間 20分　冷蔵 3日　冷凍 1か月

● 材料 (2～3人分)

豚こま切れ肉 ……200g
じゃがいも……2個
ピーマン……2個
サラダ油……大さじ1
A ┌ カレー粉……小さじ1
　├ しょうゆ……小さじ½
　└ こしょう……少々

1. じゃがいもは厚さ7～8mmの拍子木切りにして耐熱器に入れ、ラップをかけて電子レンジで3分加熱する。豚肉は細切り、ピーマンは繊維に沿って細切りにする。
2. フライパンにサラダ油を熱して、1を炒める。火が通ったらAを順に加え、混ぜながら調味する。

キッチンメモ

じゃがいもは、煮くずれしにくいメークインがおすすめ。

ポークビーンズ

パンにもご飯にも合うたっぷり豆のトマト煮込み。

| 時間 | 25分 | 冷蔵 | 3日 | 冷凍 | 1か月 |

● 材料（4人分）
- **豚こま切れ肉** ……200g
- オリーブ油……大さじ1
- A
  - 赤唐辛子（種を除く）……1本
  - 玉ねぎ（みじん切り）……1/2個
- トマト水煮（缶詰）……1缶
- B
  - ゆで大豆（市販）……200g
  - ミックスビーンズ（市販）……100g
- C
  - 砂糖……大さじ1
  - 塩……小さじ1/2
  - こしょう……少々
  - ウスターソース……大さじ2
- パセリ（みじん切り）……適量

1. フライパンにオリーブ油を熱し、豚肉、Aを炒める。
2. 玉ねぎが透き通ってきたらトマト水煮を加え、へらなどでトマトをつぶしながら、水分を飛ばすように煮る。
3. Bを加え、水分がなくなってきたらCを加えて調味し、器に盛りパセリをふる（保存する場合、パセリは食べるときにふる）。

味つけアレンジ

もっと辛くしたい場合は、1でチリペッパーまたはカイエンヌペッパーを適量加える。

豚バラ薄切り肉

脂分が多く、肉にうまみとコクがある。
炒め物、蒸し物、煮物、カレーなど、多くの料理に活用できる。

300g

調理の Point

白菜を使った料理と好相性。
香ばしく焼いて肉のうまみを出す。
濃いめの味つけに合う。

つくりおきレシピ

豚肉と白菜のレンジ蒸し	➡ P.67
アスパラの豚バラ巻き	➡ P.69
豚バラとごぼうの柳川風	➡ P.71

豚肉と白菜のレンジ蒸し

豚バラと白菜の定番料理に桜えびがアクセント。

時間 20分　冷蔵 3日　冷凍 1か月

● 材料（4人分）

豚バラ薄切り肉 ……300g
白菜……5〜6枚
塩……小さじ1
桜えび……大さじ2
A ┌ 酒……1/2カップ
　│ 鶏ガラスープの素（顆粒）
　│　……小さじ2
　│ しょうゆ……小さじ1
　└ しょうが（千切り）……1かけ

1. 豚肉は長さを3〜4等分に切る。白菜は4cm幅に切ってポリ袋に入れ、塩をまぶしてしんなりするまで袋の上からもむ。

2. 耐熱容器に豚肉、白菜を交互に入れ、桜えび、Aをかけてラップをし、電子レンジで7〜8分加熱する。

キッチンメモ

しょうがはなくてもおいしくつくれます。

主菜・肉のおかず

豚バラ薄切り肉　豚肉と白菜のレンジ蒸し

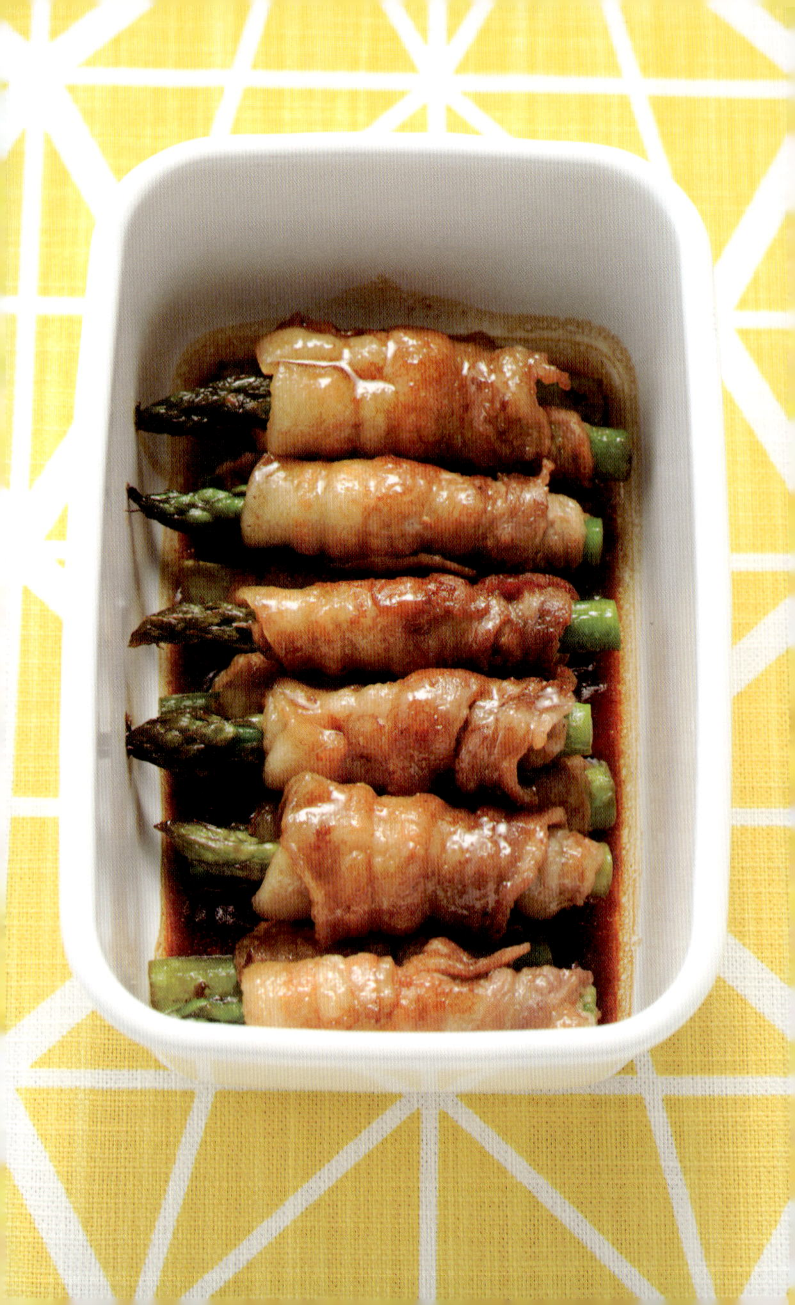

アスパラの豚バラ巻き

照りよく仕上げた甘辛味でお弁当にも最適。

時間 25分　**冷蔵** 3日　**冷凍** 1か月（加熱する前の状態で）

● 材料（4人分）
豚バラ薄切り肉……100g
塩・こしょう……各少々
薄力粉……小さじ1
グリーンアスパラガス……4〜5本
サラダ油……少々
A ┌ 酒・しょうゆ……各大さじ2
　└ みりん……大さじ2

1. 豚肉は長さを半分に切り、軽く塩、こしょうをふって薄力粉を薄くまぶす。グリーンアスパラは根元に硬い部分を落として長さを1/3に切り、塩少々（分量外）を加えた熱湯でさっと下ゆでする。
2. 1のグリーンアスパラは、2〜3本ずつまとめて豚肉で巻く。
3. フライパンにサラダ油を熱し、2の巻き終わりを下にして並べて焼く。全体に焼き色がついたらAを加え、煮からめる。

キッチンメモ
豚バラ肉を焼くときに出る脂はペーパータオルで拭きながら焼くと、べたっとならず、きれいな焼き色に仕上がります。

加熱前の 保存 Point
冷凍保存する場合は、アルミトレーにのせて冷凍庫で急速冷凍し、1本ずつラップで包んでから保存袋に入れ、保存する。

主菜●肉のおかず

豚バラ薄切り肉

アスパラの豚バラ巻き

ご飯の上にかければ、
「豚とごぼう丼」に。

キッチンメモ

カロリーをおさえたいなら、豚バラ肉は熱湯で軽くしゃぶしゃぶして脂分を落としてから加えても。3倍濃縮のめんつゆを使う場合は、「めんつゆ35ml＋水大さじ1」を加えます。

豚バラとごぼうの柳川風

ご飯に汁ごとかけて丼にして食べてもおいしい。

時間 **20分**　冷蔵 **3日**　冷凍 **1か月**

● 材料（4人分）
豚バラ薄切り肉 ……300g
ごぼう……1本
にんじん……1本
ごま油……小さじ1
A ┌ めんつゆ（2倍濃縮）……1/4カップ
　└ 水……1/2カップ
溶き卵……2個分
B ┌ 七味唐辛子・万能ねぎ（小口切り）……各少々

1. 豚肉は長さを3〜4等分に切る。ごぼうはささがきにして酢水にさらし、水けを拭く。にんじんはピーラーで削って薄く切る（P.109参照）。

2. 鍋にごま油を熱して豚肉を炒め、火が通ったらごぼうを加え、炒める。

3. Aを加え、ひと煮立ちしたらにんじんを加える。溶き卵を回し入れ、半熟状になったら火を止める。器に盛り、好みでBをふる（保存する場合、Bは食べるときにふる）。

豚バラかたまり肉

赤身と脂肪が3層になっているため三枚肉とも呼ばれる。
脂肪が多いので、煮込んでもパサつかない。
炒め物、角煮、カレーなどに。

300g

調理のPoint

じっくり煮込むとやわらかくなる。
濃いめの味つけに合う。

つくりおきレシピ

黒酢の酢豚	➡ P.73
豚の角煮	➡ P.74
豚バラのさっぱりバーベキューグリル	➡ P.75

黒酢の酢豚

酸味おさえめでコクとうまみの黒酢あん。

時間 25分 / 冷蔵 3日 / 冷凍 1か月

●材料（2～3人分）
- **豚バラかたまり肉** ……200g
- A[酒・しょうゆ……各大さじ1]
- 薄力粉……適量
- B[パプリカ（赤・乱切り）……1/2個
   れんこん（乱切り）……1/2節
   グリーンアスパラガス
   （長さを1/3に切る）……2本]
- C[酒・砂糖……各大さじ2
   しょうゆ・黒酢……各大さじ2
   鶏ガラスープの素（顆粒）……小さじ1
   水……1/4カップ
   片栗粉……小さじ2]
- 揚げ油……適量

1. 豚肉はひと口大に切り、**A**を回しかけて下味をつけ、薄力粉をまぶす。
2. 180℃に熱した揚げ油で**B**をさっと素揚げし、**1**はきつね色に揚げる。
3. 鍋に**C**を入れて火にかけ、とろみがついたら**2**を加えてからめる。

キッチンメモ
Cをあたためるときは、片栗粉が沈殿しやすいのでよく混ぜながら煮ましょう。

豚の角煮

やわらかくしっかり味なのでお弁当にも重宝。

時間 1時間30分　冷蔵 3日　冷凍 1か月

● 材料 (4人分)

豚バラかたまり肉（4cm幅に切る）
　……600g
A ┌ 長ねぎの青い部分……適量
　└ しょうが (薄切り)……1かけ
B ┌ 酒……1/2カップ
　│ 砂糖……大さじ3
　│ しょうゆ・みりん……各大さじ3
　└ 八角 (あれば)……1個
C 　白髪ねぎ・糸唐辛子……各適量

キッチンメモ

圧力鍋があるなら2で使うと短時間でとろとろに。その際、圧力がかかったら弱火にし、10分加熱して自然放置します。

1. 鍋に豚肉、Aを入れ、かぶるくらいの水を加えて強火にかけ、沸騰したら弱火にして10分ゆでる。肉を取り出し流水で洗う。

2. 別の鍋 (または1の鍋を洗って) に1、Bを入れ、ふたをして弱火で1時間、コトコト煮て火を止める。

3. そのままおいて冷まし、冷めたら表面に浮いた脂をきれいに取り除く。

4. 食べる時にあたため直し、器に盛りCをのせる (保存する場合、Cは食べるときにのせる)。

豚バラのさっぱりバーベキューグリル

ご飯のおかずはもちろん、屋外BBQにもおすすめ。

時間 15分　冷蔵 3日　冷凍 1か月（加熱する前の状態で）

● 材料（2〜3人分）
豚バラかたまり肉（4cm幅に切る）
……300g
A ┌ 酒……大さじ4
　│ 砂糖・しょうゆ……各大さじ2
　│ 酢……大さじ1
　│ トマトケチャップ……大さじ2
　└ にんにく（すりおろし）……1かけ

1. 保存袋などにAを入れて混ぜ、豚肉を入れてもみ込み、冷蔵庫で30分以上漬け込む。
2. 魚焼きグリルで約10分、両面をこんがりと焼く。

材料スイッチ
スペアリブや鶏手羽元でもおいしくつくれます。

加熱前の保存Point
保存する場合は、汁（A）ごと保存袋に入れ、冷蔵または冷凍保存する。

主菜・肉のおかず

豚バラかたまり肉 ─ 豚の角煮／豚バラのさっぱりバーベキューグリル

75

豚ひき肉

豚肉を肉ひき機で細かくひいたもの。
脂肪分や味わいは使う部位によって違い、鶏ひき肉よりうまみが強い。
炒め物、餃子、シュウマイなどに向く。冷凍保存にも適している。

300g

調理のPoint

ねばりが出るまで手でよく練り混ぜる。
日もちしないので新鮮なうちに使い切る。

つくりおきレシピ

シュウマイ	➡ P.77
麻婆なす	➡ P.78
焼き餃子	➡ P.80

シュウマイ

ジューシーでうまみたっぷり、味つきなのでお弁当にも。

時間 35分　冷蔵 3日　冷凍 1か月

● 材料（4人分）
豚ひき肉 ……300g
A ┌ 玉ねぎ（みじん切り）……¼個
　│ 酒……大さじ1
　│ しょうゆ……大さじ½
　└ ごま油……小さじ1
むきえび……50g
塩・片栗粉……各少々
シュウマイの皮……30枚
グリンピース（ゆで）……適量

キッチンメモ
冷凍保存したシュウマイをあたため直すときは、電子レンジで3〜4分加熱するか、蒸し器で3〜4分蒸し上げる。

1. ボウルにひき肉、Aを入れ、手でよく練り混ぜる。
2. むきえびは塩、片栗粉をまぶしてもみ、水けを拭いてざく切りにする。
3. シュウマイの皮を手のひらにのせ、1をスプーン1杯ずつのせて包み、2、グリンピースをのせる。
4. 蒸気の上がった蒸し器で約10分、蒸し上げる。

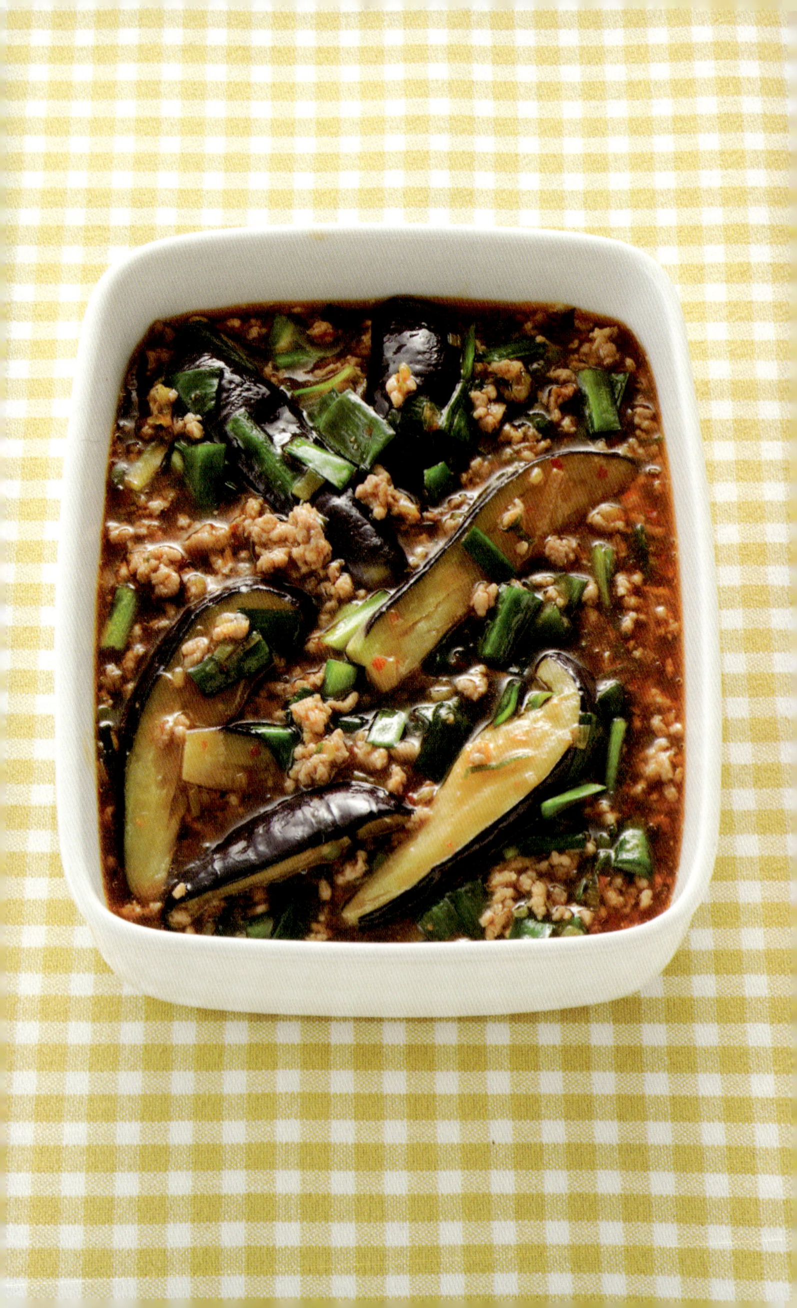

麻婆なす

なすを素揚げした本格中華の味わい。

時間 25分　冷蔵 3日　冷凍 1か月

●材料（4人分）
豚ひき肉……300g
なす……5本
にら……1/2束
A ┌ 長ねぎ（みじん切り）……1/2本
　└ しょうが（みじん切り）……1かけ
サラダ油……大さじ1
B ┌ 水……1カップ
　│ 酒・片栗粉……各大さじ1
　│ 砂糖……大さじ2
　│ しょうゆ……大さじ4
　└ 豆板醤……小さじ2
揚げ油……適量

1. なすはへたを取って縦8等分に切り、180℃に熱した揚げ油で素揚げする。にらは長さ2cmのざく切りにする。
2. フライパンにサラダ油を熱してAを炒め、香りが立ってきたらひき肉を加え、火が通ったらにらを加える。
3. Bを入れて混ぜながら加熱し、とろみがついたら1を入れ、からめる。

> キッチンメモ
>
> 辛いのが苦手な方は、豆板醤の量を少なめに調整してみましょう。なすを素揚げしない場合は、サラダ油大さじ1を熱したフライパンで炒めてもOK。ご飯とともに「のっけ弁当」（P.167）にも！

焼き餃子

皮はカリカリ、中身はジューシー。

時間 35分　**冷蔵** 3日　**冷凍** 1か月

●材料（4人分）
<mark>豚ひき肉</mark> ……200g
A ┌ 白菜……2枚
　├ にら……3本
　└ 塩……少々
B ┌ 青じそ（みじん切り）……6枚
　├ しょうが（みじん切り）……1かけ
　├ にんにく（みじん切り）……1かけ
　├ 酒・ごま油……各大さじ1
　├ 塩……小さじ½
　└ しょうゆ……小さじ1
餃子の皮……20枚
ごま油……大さじ1½
湯……½カップ

1. ボウルにAを入れてもみ、水けをしぼって水分は捨てる。
2. ひき肉、Bを加え、手でよく練り混ぜる。
3. 餃子の皮を手のひらにのせ、2をスプーン1杯ずつのせてふちに水をつけて包む。
4. フライパンにごま油大さじ1を熱して3を並べ、すぐに湯を注いでふたをし、蒸し焼きにする。水分が蒸発してチリチリと音がしてきたらふたを開け、ごま油大さじ½を回しかけてカリッと焼き上げる。

加熱前の 保存 Point

冷凍保存する場合は、アルミトレーにのせて冷凍庫で急速冷凍し、1食分ずつ小分けにして保存袋に入れ、保存する。焼くときは冷凍のまま焼く。

主菜●肉のおかず

豚ひき肉

焼き餃子

牛こま切れ肉

各部位の切れ端肉。もも肉、肩肉、脂身などが混ざっていて形も不揃い。比較的安価で入手できる。

300g

調理のPoint

食べやすい大きさに切るか、ほぐす。
硬くなるので加熱し過ぎに注意。
濃く甘めの味つけが合う。

つくりおきレシピ

牛肉のすき焼き風	➡ P.83
牛肉のしょうが煮	➡ P.84
牛肉とれんこんのピリ辛きんぴら	➡ P.85

牛肉のすき焼き風

ご飯にかければすき焼き丼、お弁当にもおすすめ。

時間 25分　冷蔵 3日　冷凍 1か月

● 材料（4人分）
牛こま切れ肉……300g
長ねぎ（斜め切り）……1本
A ┌ にんじん……1/2本
　│ しいたけ……4個
　└ しらたき……1袋
サラダ油……大さじ1
B ┌ 酒……1/4カップ
　│ 砂糖……大さじ4
　└ しょうゆ……大さじ3

1. にんじんはピーラーで薄切り、しいたけは石づきを取り、飾り切りをする。しらたきは熱湯でさっと下ゆでする。
2. 鍋にサラダ油を熱して長ねぎを炒め、焦げ目がつき火が通ったら牛肉を加える。
3. 肉に8割がた火が通ったらA、Bを加え、5分ほど煮る。

キッチンメモ
にんじんはピーラーで薄切りにすると、見た目もきれいで食感もふわっとしてたくさん食べられますよ。

牛肉のしょうが煮

しょうがをきかせた牛肉のうまみたっぷりおかず。

時間 **15分**　冷蔵 **3日**　冷凍 **1か月**

● 材料（4人分）

牛こま切れ肉 ……300g
しょうが（千切り）……2かけ
牛脂……1個
A ┌ 酒……大さじ4
　├ 砂糖……大さじ2
　└ しょうゆ・みりん
　　……各大さじ2

1. 鍋に牛脂を熱してしょうがを炒め、香りが立ってきたら牛肉を入れて炒める。
2. Aを加え、3〜4分加熱して煮つめる。

材料スイッチ
牛脂で炒めることで、より牛肉感がアップ。なければ、サラダ油大さじ1でもOK。

変身メニュー
ごぼうのささがきや糸こんにゃくを一緒に炒めてもおいしい。

牛肉とれんこんのピリ辛きんぴら

れんこんの食感と牛肉のうまみがベストマッチ。

時間 25分　冷蔵 3日　冷凍 1か月

●材料（4人分）
牛こま切れ肉 ……300g
れんこん……1節
赤唐辛子……1本
ごま油……大さじ1
A ┌ 酒……大さじ4
　│ 砂糖……大さじ2
　└ しょうゆ……大さじ1½
白いりごま少々

1. 牛肉はほぐす。れんこんは厚さ3mmのいちょう切りにして酢水にさらし、水けを拭く。赤唐辛子は種を除いて水につけて戻し、輪切りにして水けを拭く。
2. フライパンにごま油を熱して1の赤唐辛子を熱し、れんこん、牛肉を加えて炒める。
3. Aを加えて調味し、ごまをふる。

材料スイッチ

れんこんが少ない場合は、にんじんのいちょう切りを適量足してつくっても。

牛薄切り肉

もも薄切り肉、肩薄切り肉、バラ薄切り肉などがある。
火が通りやすいので、しゃぶしゃぶ、すき焼き、煮物など、
どんな料理にも使いやすい。

200g

調理のPoint

塩、こしょうで下味をつける。
硬くなるので加熱し過ぎに注意。

つくりおきレシピ

牛肉のサルサソース煮	➡ P.87
牛肉の野菜巻き	➡ P.88
ハヤシライスソース	➡ P.89

牛肉のサルサソース煮

トマトの酸味がきいたピリ辛エスニック風煮込み。

時間 30分　冷蔵 3日　冷凍 1か月

●材料（4人分）

牛薄切り肉 ……200g
塩・こしょう……各少々
A ┌ 赤唐辛子……1本
　│ にんにく（みじん切り）……1かけ
　└ 玉ねぎ（粗みじん切り）……1/2個
オリーブ油……大さじ1
セロリ（斜め切り）……1本
トマト（ざく切り）……2個
B ┌ 水……1/2カップ
　│ 塩……小さじ1/2
　│ 酢……1/4カップ
　└ ナンプラー……小さじ1
タバスコ……適量
こしょう……少々
パクチー（あれば）……適量

1. 牛肉は塩、こしょうをふる。赤唐辛子は種を除いて水につけて戻し、輪切りにして水けを拭く。

2. フライパンにオリーブ油を熱してAを炒め、牛肉、セロリを加える。肉に火が通ったらトマト、Bを加える。

3. 好みでタバスコ、こしょうで調味し、器に盛りパクチーを飾る。

変身メニュー

バゲットにのせたり、レタスで巻いても。その日のうちに食べるならアボカド（薄切り）を加えてもおいしい。

主菜●肉のおかず

牛薄切り肉

牛肉のサルサソース煮

牛肉の野菜巻き

濃いめのこっくり味のたれで食欲がすすむ。

時間 25分　冷蔵 3日　冷凍 1か月

● 材料（4人分）

牛薄切り肉 ……200g
塩・こしょう……各少々
薄力粉……大さじ2
さやいんげん……8本
しめじ……1/2パック
赤ピーマン……1個
サラダ油……大さじ1
A ┌ 酒……大さじ2
　│ しょうゆ・みりん……各大さじ2
　└ 白いりごま……適量

1. 牛肉は軽く塩、こしょうをふり、薄力粉をまぶす。
2. さやいんげんは、塩ゆでして長さ5cmくらいに切る。しめじは石づきを取り、小房に分ける。赤ピーマンは種を除き、細切りにする。
3. **1**で**2**を適量ずつ巻く。
4. フライパンにサラダ油を熱し、**3**の巻き終わりを下にして入れて全面を焼く。**A**を加え、煮からめる。

キッチンメモ

小さい肉片は2～3枚ずつ重ねて巻けば大丈夫。薄力粉は肉をくっつけて焼き色をつけ、たれにとろみをつける効果もあります。

ハヤシライスソース

ご飯にかければ、おいしいハヤシライスのでき上がり。

時間 30分 | 冷蔵 3日 | 冷凍 1か月

● 材料（4人分）

- 牛薄切り肉 ……200g
- 塩・こしょう……各少々
- 薄力粉……大さじ2
- 玉ねぎ……1/2個
- トマト水煮（缶詰・カットタイプ）…1缶
- バター……30g
- 赤ワイン……1/2カップ
- A ┌ 塩……小さじ1
  └ 中濃ソース……大さじ3
- グリンピース（ゆで）……大さじ2

変身メニュー
スパゲッティにかけたり、オムレツ、オムライスのソースにしてもおいしいですよ。

1. 牛肉は軽く塩、こしょうをふり、薄力粉大さじ1をまぶす。玉ねぎは薄切りにして薄力粉大さじ1をまぶす。

2. 鍋にバターを熱して**1**の玉ねぎを炒め、しんなりしたら牛肉を加えて炒める。

3. 薄茶色に色づいたらトマト水煮を汁ごと加え、4〜5分煮て赤ワインを加え、ひと煮立ちしたら**A**を加えて調味する。

4. グリンピースを加え、器に盛る。

牛ももかたまり肉

脂肪に囲まれた赤身の部分。
脂肪が少なく、歯ごたえがしっかりしている。
比較的安価で、ローストビーフや煮込み料理に向く。

400g

調理のPoint

下味をよくすり込んでから調理する。
かたまりまたは厚切りで調理する。

つくりおきレシピ

牛肉のチーズカツレツ	➡ P.91
ローストビーフ	➡ P.92
ポトフ	➡ P.94

牛肉のチーズカツレツ

衣をつけずに焼いてステーキにしてもおいしい。

時間 **45分** 冷蔵 **3日** 冷凍 **1か月**(加熱する前の状態で)

● 材料（2人分）
牛ももかたまり肉……200g
A ┌ 塩・こしょう……各少々
　└ オリーブ油……大さじ2
粉チーズ……大さじ2
薄力粉・パン粉（生）……各適量
溶き卵……1個分
揚げ油……適量

1. 牛肉は厚さを半分に切り、ラップをかけて厚さ1cmになるまで肉たたきでたたいて伸ばす。片面をフォークでまんべんなく刺して穴を開け、**A**を全体にまぶしてラップをかけて30分おく。

2. 粉チーズをまぶし、薄力粉、溶き卵、パン粉の順で衣をつけ、フライパンに少なめに入れた揚げ油で揚げ焼きにする。

キッチンメモ

肉たたきで肉の繊維を壊すことでやわらかい食感に。オイルでマリネすることでしっとり仕上がります。肉たたきがなければ、めん棒やワインの空き瓶で代用してください。

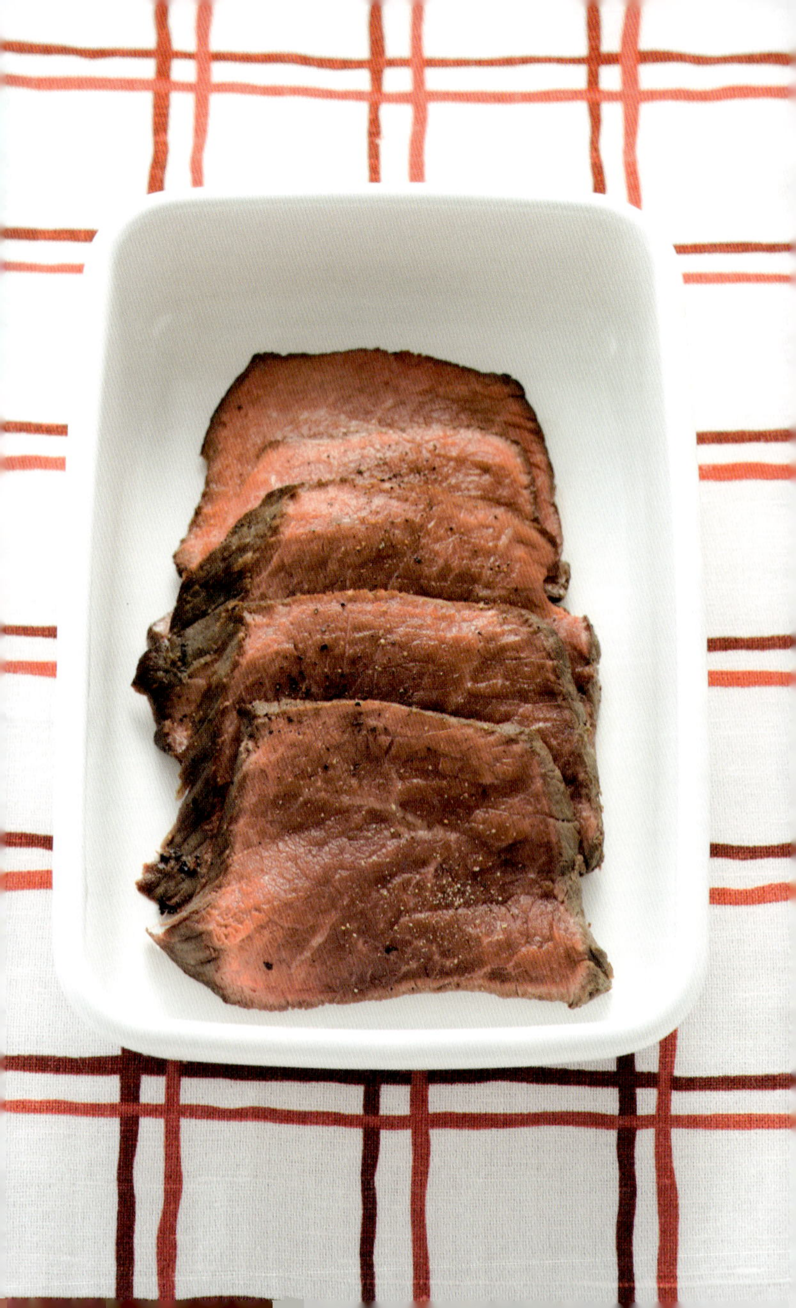

ローストビーフ

ラップして保存袋のままゆでるだけのカンタン調理。

> 時間 **40分** 　冷蔵 **3日** 　冷凍 **1か月**

● 材料（4人分）

牛ももかたまり肉 ……400g
A ┌ 塩……4g（肉に対して1％）
　├ こしょう……適量（多めに）
　└ にんにく（すりおろす）……1かけ
オリーブ油……大さじ1

1. 牛肉は室温に戻し、**A**をすり込んで10分おく。
2. フライパンにオリーブ油を熱して**1**を入れ、全面に焼き色をつけるように焼く。
3. **2**をアルミ泊で二重に包み、保存袋に入れてしっかり口を閉じ、鍋に沸かした湯に入れて、沸騰させないように弱火で3分ゆでて、火を止める。
4. ふたをして冷めるまでそのままおく。冷めたら取り出し、薄切りにする。

アルミ泊で包んで保存袋に入れたままゆでる。

保存Point
加熱したら切らずにかたまりのままラップをかけて保存袋に入れ、冷蔵または冷凍保存する。

キッチンメモ
ゆでるときは鍋の素材（熱伝導率）や室温により余熱状況が変わるので、まずは3分から試して加熱時間を調整してください。

主菜●肉のおかず

牛ももかたまり肉　ローストビーフ

ポトフ

じっくり時間をかけて煮込んだとろけるおいしさ。

時間 ▶ 1時間20分　冷蔵 ▶ 3日　冷凍 ▶ 1か月

● 材料（4人分）
牛ももかたまり肉 ……300g
塩・こしょう……各少々
玉ねぎ……1個
じゃがいも……3個
にんじん……1本
セロリ……1/2本
オリーブ油……大さじ1
A ┌ 水……1.5ℓ
　│ にんにく（つぶす）……1かけ
　└ セロリの葉……1本分
コンソメ（固形）……2個
八角（あれば）……1個
B ┌ 塩……小さじ2
　│ こしょう……少々
　└ バター……20g

1. 牛肉は室温に戻して大きめのひと口大に切り、塩、こしょうをふる。
2. 玉ねぎは6等分のくし形切り、じゃがいもは皮をむき大きめの乱切り、にんじんは皮をむき厚さ2cm輪切り、セロリは筋を取り長さ2cm斜め切りにする。
3. 鍋にオリーブ油を熱して牛肉を入れて炒め、**A**を加えて強火にする。煮立ったら弱火にして、アクを取りながら50分ほど煮る。
4. **3**に**2**を加え、スープが少ないようなら水を足してコンソメ、八角を入れ、野菜がやわらかくなるまで20分煮て、**B**で調味する。

材料スイッチ

かたまり肉は、すね肉、バラ肉でもOK。バターを加えるとコクが増すので、さっぱり味が好みなら入れなくても。牛肉の代わりにソーセージやベーコンでもおいしい。

味つけアレンジ

カレー粉を加えてスパイシーポトフにしたり、トマトジュースを加えてトマト味にしても。

主菜●肉のおかず

牛ももかたまり肉 — ポトフ

さけ

1年を通して入手しやすい魚で、
つくりおきでは主に生ざけの切り身を使う。
焼き物やムニエル、グラタン、揚げ物など、どんな調理法にも合う。

1切れ
(120g)

調理のPoint

塩、こしょうをふる。
淡白なので味つけはしっかりと。
身がやわらかいのでていねいに扱う。

つくりおきレシピ

さけの焼きびたし	➡ P.97
さけのカレー竜田揚げ	➡ P.98
さけのみそ漬け	➡ P.99

さけの焼きびたし

たれに漬け込むことでさらに味わい深くなる。

時間 20分　冷蔵 2日　冷凍 3週間

●材料（4人分）

生ざけの切り身（または甘塩ざけ）
　……4切れ
塩・こしょう……各少々
かぶ……2〜3個
かぶの葉……適量
ごま油……大さじ1
しょうが（千切り）……1かけ
A ┌ めんつゆ（2倍濃縮）……¼カップ
　│ 水……¾カップ
　└ しょうが（千切り）……1かけ

キッチンメモ

3倍濃縮のめんつゆを使う場合は、「めんつゆ35㎖＋水大さじ1」を加えます。

1. さけは3〜4等分に切り、軽く塩、こしょうをふる（甘塩ざけの場合はふらない）。かぶは皮をむき、茎を2㎝残して縦8等分に切り、葉は4㎝のざく切りにする。

2. フライパンにごま油を熱してしょうがを炒め、香りが立ってきたらさけを入れ、かぶを加えて硬めに焼く。焼き色がついたら葉を加えて炒める。

3. バットなどの容器にAを入れて混ぜ、2を漬ける。30分くらいで食べられる。

さけのカレー南蛮漬け

ほどよい酸味とカレー風味で食べやすい。

時間 25分　冷蔵 2日　冷凍 3週間

●材料（4人分）
生ざけの切り身（または甘塩ざけ）
　……4切れ
塩・こしょう……各少々
薄力粉……大さじ1
カレー粉……大さじ1
A ┌ 玉ねぎ（薄切り）……1/2個
　├ ピーマン（細切り）……1個
　└ 赤ピーマン（細切り）……1/2個
B ┌ しょうゆ・みりん……各大さじ3
　├ 酢……大さじ4
　└ カレー粉……大さじ1

1. さけは3〜4等分に切り、軽く塩、こしょうをふり（甘塩ざけの場合はふらない）、薄力粉、カレー粉をまぶす。
2. AはBに漬ける。
3. 180℃に熱した揚げ油で**1**を揚げ、**2**に漬ける。30分くらいで食べられる。

さけのみそ漬け

みそのやさしい風味でご飯のおかずにぴったり。

| 時間 | 15分 | 冷蔵 | 3日 | 冷凍 | 3週間 |

● 材料（2人分）

生ざけの切り身 ……2切れ
A ┌ 酒……大さじ1
　└ みりん・みそ……各大さじ2

1. 保存袋にAを入れ、よく混ぜる。
2. 1にさけを入れてみそをまぶし、冷蔵庫に1時間ほどおく。
3. 取り出して表面のみそをぬぐい、魚焼きグリルでこんがり焼く。

材料スイッチ

鯛や銀だらなどの白身魚、豚肉や牛肉を漬けてもおいしい。七味唐辛子やさんしょうの粉を加えても。

加熱前の 保存Point

保存袋に入れることで、少ない調味料でまんべんなく漬けることができる。冷蔵庫で4～5日はもつ。

主菜・魚介のおかず

さけ

さけのカレー南蛮漬け／さけのみそ漬け

いか

淡白なうまみと甘味、歯ごたえがあり、なじみ深い魚介の1つ。
主にするめいかを使用。
煮物、焼き物、炒め物、揚げ物など、どんな調理にも合う。

1ぱい
(250g)

調理のPoint

ていねいにさばいてから調理する。
硬くなるので加熱し過ぎに注意。

つくりおきレシピ

いかと里芋の煮物	➡ P.101
いかの照り焼き	➡ P.102
イカとブロッコリーの中華炒め	➡ P.103

[いかのさばき方]

いかは胴から足を引き抜き、わた、軟骨、くちばしを取り除く。エンペラを引いてはずしならが胴の皮をむく。エンペラは裏から切り込みを入れて皮をむく。

いかと里芋の煮物

里芋にいかのうまみがしみ込んだ一品。

時間 25分 ／ 冷蔵 3日 ／ 冷凍 1か月

● 材料（4人分）
いか……1ぱい
里芋……10個
塩……少々
水……1カップ
A ┌ しょうが（薄切り）……1かけ
　│ 酒・砂糖……各大さじ4
　└ しょうゆ……大さじ2

1. 里芋は水洗いして水けを拭き、皮をむく。厚さ1cmの輪切りにしてボウルに入れ、塩をまぶして手でもんでぬめりを取り、水洗いする。鍋に入れて水を加え、やわらかくなるまで煮る。

2. いかはさばいて（P.100参照）、胴は輪切り、足は吸盤をしごいて硬い輪を取り、2本ずつに切る。

3. **1**に**A**を加え、煮立ったら**2**を入れ、落としぶたをして5〜6分煮る。

キッチンメモ

煮物は冷める段階で味がしみるので、熱々より少し冷めたくらいが食べ頃です。

いかの照り焼き

ご飯のおかずやおつまみにもぴったり。

時間 25分　冷蔵 2日　冷凍 3週間

● 材料（2人分）

いか（小）……2はい
サラダ油……大さじ1
A ┌ 酒……大さじ3
　│ 砂糖……大さじ1
　│ しょうゆ・みりん……各大さじ3
　│ しょうが（すりおろし）……1かけ
　└ にんにく（すりおろし）……½かけ

1. いかはさばいて（P.100参照）、胴は斜めに切り込みを入れる。足は吸盤をしごいて硬い輪を取り、小さければそのまま、大きければ2本ずつに切る。
2. フライパンにサラダ油を熱し、1を焼く。焼き色がついたらAを加え、煮からめる。

材料スイッチ

この照り焼きのたれは、ブリやカジキ、鶏肉などにも使用できます。

いかとブロッコリーの中華炒め

好相性のいかとブロッコリーの炒め物。

時間 25分　冷蔵 3日　冷凍 3週間

● 材料（4人分）
いか ……1ぱい
ブロッコリー……1/2株
A ┌ 赤唐辛子……1/2本
　└ しょうが（みじん切り）……1かけ
サラダ油……大さじ1
B ┌ 水……1/2カップ
　│ 鶏ガラスープの素（顆粒）……小さじ1
　│ 酒……大さじ1
　│ しょうゆ……小さじ1
　└ 片栗粉……小さじ2

1. いかはさばいて（P.100参照）、胴は輪切り、足は吸盤をしごいて硬い輪を取り、2本ずつに切る。ブロッコリーは小房に分ける。赤唐辛子は種を除いて水につけて戻し、輪切りにして水けを拭く。

2. フライパンにサラダ油を熱してAを炒め、香りが立ってきたらブロッコリーを加えて炒め、火が通ったらBを加え、とろみがつくまで炒め煮する。

さば

代表的な青魚の1つで、栄養に富み、うまみが濃い。
焼き物やみそ煮、揚げ物、南蛮漬けなどに合う。

半身
(180g)

調理のPoint

傷みやすいので新鮮なうちに調理する。
塩をふり、出た水けは拭く。
小骨は骨抜きで抜く。

つくりおきレシピ

さばのごま焼き	➡ P.105
さばのみそ煮	➡ P.106
さばのピリ辛竜田揚げ	➡ P.107

さばのごま焼き

たっぷりまぶしたごまの香ばしさが味の決め手。

時間 **30**分　冷蔵 **3**日　冷凍 **3**週間

● 材料（2人分）
- **さばの切り身**……2切れ（半身）
- 塩……少々
- A ┌ 酒・しょうゆ……各大さじ1
　　└ みりん……大さじ1
- 黒いりごま・白いりごま……各大さじ3
- ごま油……大さじ1

1. さばは小骨を骨抜きで抜く。塩をふり、ペーパータオルで包んで10分おき、2cm幅の斜め切りにする。

2. バットなどにAを入れ、**1**を10分ほど漬けて汁けをきり、ごまをたっぷりまぶす。

3. フライパンにごま油を熱し、**2**の両面を香ばしく焼く。

キッチンメモ

あたため直すときは、テフロン加工のフライパンで弱火で加熱します。

さばのみそ煮

こっくりみそ味でほっとする味わい。

時間 25分　冷蔵 2日　冷凍 3週間

● 材料（2人分）

さばの切り身 ……2切れ
塩……少々
A ┌ 酒……1/2カップ
　│ 砂糖……大さじ2
　│ みりん……大さじ4
　└ しょうが（薄切り）……1かけ
みそ……大さじ2
万能ねぎの塩ゆで（あれば）
　……3〜4本

1. さばは皮目に2〜3本切り込みを入れて塩をふり、ペーパータオルで包んで水けを取る。
2. 鍋にAを入れて煮立たせ、1を入れる。スプーンで煮汁をかけながら煮て、表面に火が通ったら落としぶたをし、10分ほど煮る。
3. みそを溶き入れ、ひと煮立ちしたら火を止める。

キッチンメモ

煮魚をおいしくつくるコツは、魚の水分をしっかり拭くことと煮汁を煮立たせたところに魚を入れること。こうすることで魚臭くなりません。

さばのピリ辛竜田揚げ

さっくり香ばしくておいしい定番のおかず。

| 時間 | 25分 | 冷蔵 | 3日 | 冷凍 | 3週間 |

●材料(4人分)

さばの切り身 ……4切れ
┌ 酒……大さじ1
A│ しょうゆ……大さじ2
└ 豆板醤……小さじ1
片栗粉……適量
揚げ油……適量

1. さばは小骨を骨抜きで抜き、2cm幅の斜め切りにする。
2. 保存袋にAを入れ、1を10分ほど漬ける。
3. 汁けを拭いて片栗粉をまぶし、180℃に熱した揚げ油でからっと揚げる。

加熱前の保存Point

すぐに食べないときは、漬け汁(A)に漬けたまま冷蔵庫で3日ほど保存も可能。

材料スイッチ

辛くない竜田揚げにするときは、豆板醤の代わりに、しょうゆを大さじ3にします。

主菜●魚介のおかず

さば

さばのみそ煮／さばのピリ辛竜田揚げ

HISAKO メモ

MEMO つくりおきのコツ

●おかずは冷ましてから保存する
おかずを保存するときは、熱いものは必ず冷ましてから冷蔵庫に入れましょう。とくに冷凍の場合、あたたかいまま入れると庫内の温度が上がり凍るのに時間がかかるだけでなく、まわりの食品も傷むので注意して。煮物などは、大きめのバットなどに広げると早く冷ますことができます。

●冷凍おかずは再冷凍しない
冷蔵したおかずは問題ありませんが、一度解凍したおかずは衛生的に問題があるので、再冷凍はしないで使い切るようにしましょう。

●野菜は下ごしらえして冷蔵保存
野菜は新鮮なうちに下ごしらえをよくします。たとえば、レタスやキャベツなどの葉野菜は、洗って水けを拭いてから保存袋に入れ冷蔵保存します。小松菜、ほうれん草、チンゲン菜などの青菜は、さっとゆでて水けをしぼり保存袋に入れて冷蔵保存します。こうすると、忙しいときでも料理の時間短縮になり、無駄なく使い切ることもできます。

●肉類は味つけして保存する
鶏肉や豚肉も、フライパンで焼くだけの状態でよく下ごしらえしておきます。たれやマリネ液と一緒に保存袋に入れて漬け込んでおけば、食べたいときにさっと焼くだけでメインのおかずの完成。お弁当にも重宝します。

●煮豚のつくりおきが便利
自宅でよくやる「つくりおきおかず」に煮豚があります。そのまま食べてもおいしいし、サラダや和え物に細切りにして入れたり、細かく切ってチャーハンの具にしたり、炒め物や生春巻きの具にも重宝しますよ。

【つくり方】豚ロースかたまり肉(500g)をタコ糸でぐるぐるしばり、塩、こしょう各少々を全体にすり込んで、フライパンに油を引かずに全面に焼き色をつける。鍋に入れて、水(1ℓ)、しょうがの薄切り(1かけ分)、長ねぎの青い部分(10cm)を加えて、アクを取りながら中火で30分ほど煮てから、酒($\frac{1}{2}$カップ)、砂糖($\frac{3}{4}$カップ)、しょうゆ(120mℓ)、八角(2個)を加え、落としぶたをして弱火で50分ほど煮る。

●手羽先でスープストックを つくる

スープストックは自宅でよくつくります。鶏ガラが一番ですが、手羽先や手羽元でもいいだしが取れます。必要分だけ保存袋に入れて冷凍保存し、解凍して麺類のスープをつくったり、チャーハンスープにしたり、煮物のだしなどにも使い回しています。

> 【つくり方】手羽先または手羽元（10本）は骨に沿って切り込みを入れ、鍋に水（1ℓ）、酒（$\frac{1}{4}$カップ）、塩（小さじ1）、つぶしたしょうが、にんにく（各1かけ）、ねぎの青い部分（1本）とともに入れ、弱火で1～2時間煮る。粗熱が取れたらザルでこす。鶏肉は骨をはずして取っておき、汁物の具として使っても。

●薬味は冷凍保存すると便利

長ねぎや万能ねぎは、小口切りにして冷凍保存しておけば、すぐに使えて便利です。必要分だけ小分けにしてラップで包み、保存袋に入れて冷凍します。大根おろし、しょうが、にんにくのすりおろしも同様に冷凍保存できます。

●自家製だれをつくる

自家製のたれを数種類常備しておき、肉や魚のソテー、野菜炒め、揚げ物のたれなどに使い回しています。

> 【甘辛しょうゆだれ】酒、砂糖、みりん（各大さじ1）、しょうゆ（大さじ2）を混ぜ合わせる。
> 【ねぎ塩だれ】長ねぎのみじん切り（$\frac{1}{2}$本）、ごま油（大さじ2）、塩（小さじ1）、粗びき黒こしょう（小さじ$\frac{1}{2}$）を混ぜ合わせる。

●冷凍に向かない食材

セロリやレタスは水分が多いので、冷凍に向きません。生のまま冷凍してから解凍すると組織がほとんどくずれてベチャベチャになってしまいます。また、生卵、ゆで卵、ゆでたけのこ、ハムのかたまり、牛乳なども凍ると素材の風味が損なわれるので、冷凍保存には向きません。

MEMO 調理のコツ

●油きりはグリルを使う

揚げ物の油きりって面倒ですよね。そんなときは、ガス台の下から魚焼きグリルを引き出し、油きりとして使うと便利ですよ。

●ピーラーでにんじんを切る

ピーラーでにんじんを切るときは、3回同じところを削ったらにんじんを回す、3回削ったら回す、と規則的に削ると同じ太さのリボ

ン状になります。

●煮物は冷めた頃がおいしい
煮物は冷める段階で味がしみていくので、実はあつあつよりは少し冷めた頃がおいしい食べ頃です。

●隠し包丁を入れる
隠し包丁とは、火の通りにくい素材の裏になる側に包丁で切り込みを入れること。ふろふき大根（P.123）の場合、厚みの半分くらいまで十文字に切り込みを入れます。

●ゆで料理、揚げ物は太い菜箸で
素材をゆでたり、揚げ物の調理では、太い菜箸が使いやすいですよ。手早くゆでたいときは太い菜箸のほうが手早く具材をつかめます。また、天ぷらやフライの衣は、細い菜箸で調理すると衣が必要以上に混ざってしまい、グルテンの作用で粘りが出てしまうこともあるので注意しましょう。

●料理が焦げたら別の鍋に移す
煮物などでうっかり料理を焦がしてしまったら、あきらめずに、早い段階であればすぐに別の鍋に移しましょう。焦げついた部分をはずして煮汁で煮直せば、セーフになることもありますよ。

●鍋が焦げたら煮るとよい
鍋を焦がしてしまったら、すぐに中身を取り出して湯を入れ、火にかけましょう。むやみに擦らずに煮ながら焦げをやわらかくすればきれいに取れますよ。

●火の止めどきはひと呼吸おいて
いかの照り焼きなど魚介の焼き物、煮物の火の止めどきのコツは、おいしそう〜！と思った瞬間からひと呼吸のタイミングです。回数を踏めばだんだんコツがつかめてくるので意識してやってみてください。それがお料理上手への近道かもしれません。

●まな板にはぬれ布巾をしく
まな板やすり鉢の下にはぬれ布巾をしきましょう。土台が安定して作業がしやすくなりますよ。

●菜箸の糸は切って使う
菜箸の糸は切って使いましょう。同じ菜箸を何組も揃えれば糸で組ませておく必要がなく、糸が絡まってイライラすることもありません。

●ガラス食器は重曹で磨く
ガラス食器は重曹で磨くとピカピカになります。ボウルに水（1ℓ）、重曹（大さじ2〜3）を入れて溶かし、スポンジで洗います。

HISAKOメモ

●魚焼きグリルはあたためてから
魚焼きグリルで魚や肉を焼くときは、グリルの網を十分あたためてから焼くとくっつきにくくなります。どうしてもくっついてしまう場合は、少量の酢かサラダ油を塗ってから焼きましょう。

MEMO 調味料

●砂糖はきび砂糖がおすすめ
きび砂糖ってご存知ですか。私は白い砂糖は使わず、きび砂糖という精製していない砂糖を使っています。白い砂糖よりもミネラルが豊富でうまみもあり、料理がやさしい味に仕上がるのでおすすめです。

●料理酒は飲んでおいしいものを
料理酒は、普通の日本酒を使うほうが断然料理がおいしく仕上がります。一般的に料理酒として売っているものは塩分が添加されているため、うまみ成分よりも塩分がきいてしまう場合もあるからです。私はお酒として飲んでもおいしい日本酒を使用しています。

●塩はミネラル豊富な天然塩で
塩は、天然塩がおすすめ。ミネラルが豊富で素材のうまみを引き出してくれます。精製塩を使う場合は、同じ小さじ1でも細かい分1gほど量が多くなるので、控えめにしてください。

●塩分の多い食材は味をみながら
塩分の多い食材（ハム、ベーコン、辛子明太子、市販の顆粒だしの素、コンソメ、鶏ガラスープの素など）を使う場合は、塩は少量ずつ加えて塩分をみながら味つけしましょう。

●薄口しょうゆの塩加減に注意
薄口しょうゆは、色は薄いですが塩分は濃口しょうゆよりも2％ほど高めです。色が薄いからと多めに入れてしまうと塩辛くなってしまうので注意しましょう。濃い色をつけたくない煮物や茶碗蒸し、吸い物などに使うと効果的です。

●だし汁は2種を組み合わせる
だし汁は、2種類以上のうまみ成分を合わせると相乗効果でおいしくなります。グルタミン酸（昆布、しょうゆ、みそ、トマト、白菜、玉ねぎなど植物性食品に多い）、イノシン酸（かつお節、煮干し、干し貝柱、鶏ガラなど動物性食品に多い）、グアニル酸（干ししいたけなどきのこ類に多い）によるうまみの組み合わせで、だし汁のうまみがぐんと強くなります。

●自家製だし汁は簡単で安上がり
最近は天然だしのパックが流行っていますが、けっこう割高です。自分で取る天然だし汁は、意外と簡単で安上がり。たとえば、私がみそ汁をつくるときは、鍋に水500㎖、昆布1枚（約10センチ角）を入れて30分〜1晩おき、中火にかけて沸騰したら弱火にし、鍋にザルをセットしてそこへかつお節をひとつかみ入れます。あとは火を消してしばらくおくだけ。この段階で味をみて、しっかりだしのうまみが感じられなければかつお節の量が少ないということ。うまみはかつお節の銘柄にもよるので、普段のかつお節の最適な「ひとつかみ」を知りましょう。

●みその薄い紙は捨てない
市販のみそは、パッケージを開けると表面に薄い紙が覆っているのはご存知でしょうか。これはみその酸化を防ぐ特殊な紙なので、誤って捨てないように注意しましょう。みそを取り出し終わったら表面を平らにならし、空気を入れないようにして上から紙を貼りつけてふたを閉めます。

●昆布茶は調味料としても使える
昆布茶はお茶としてだけでなく、手軽な顆粒だしの素としても便利。ちょっと味が足りないときや、和風パスタの仕上げに使うとうまみがアップしますよ。

MEMO 肉

●鶏肉の下処理はていねいに
鶏肉の余分な脂とは、黄色っぽい脂肪のこと。取り除くとすっきりとした味になります。厚みを均一に開くのは火の通りを早く均一にするためなので、このひと手間を惜しまずに。

●骨つき肉は骨に沿って切り込みを入れる
鶏手羽先（元）やスペアリブはおいしいけれど、食べづらいから苦手と敬遠していませんか。調理前に骨に沿って切り込みを入れて調理すれば、骨離れもよく食べやすいですよ。

●ひき肉はすぐに冷凍保存する
ひき肉は傷みやすいので、生のまま保存したいなら鮮度がいいうちにラップでぴっちり包み、冷凍保存すれば日もちします。

●豚肉はみそ漬けで長持ち
豚ロース（バラ）肉（厚切り・薄切り）は、生のまま保存するよりも、みそ床などでみそ漬けにして冷蔵

保存すると長もちします。

> 【みそ床】みそ・みりん(各大さじ2)、酒(大さじ1)を混ぜ合わせる。

●ステーキ肉は常温に戻して焼く
ステーキ肉は、焼く30分前には冷蔵庫から出して常温に戻しましょう。冷えたまま焼くと肉が縮むばかりでなく、外は焼けたが中が冷たいなんてことになりかねません。ステーキ肉は調理前に常温に戻すことが大切です。

MEMO 魚介・加工品

●いかは下処理して冷凍保存する
いかをたくさん買ってきたら、新鮮なうちにさばいて下処理(P.100参照)をして、使う料理別に小分けして冷凍保存すると便利です。新鮮なわたは、捨ててはもったいない。楊枝で数カ所刺して空気穴を開けて酒少々をふりかけ、アルミ箔で包んでオーブントースターか魚焼きグリルで焼くと、おいしいおつまみになりますよ。

●魚の中骨は引く角度に注意
さばやあじなどの一尾魚をさばいてから、骨抜きで中骨を引き抜くのは、はじめてだとなかなか扱いづらいもの。指でさわって中骨を見つけたらただ引き抜くのではなく、頭のほうにむけて骨の角度に合わせて引っぱるとすっと抜けます。角度に逆らうと身がくずれやすいので、ゆっくり慎重にチャレンジしてみてください。

●切り身魚は生のまま冷凍しない
スーパーなどで売っている切り身魚は、一度冷凍したものを解凍して売っている場合が多いので、生のままでの冷凍保存は避けたいもの。保存する場合は、脱水シートに包んで冷蔵保存するか、下味をつけた状態(次項参照)、調理した状態で冷蔵または冷凍保存しましょう。

●辛子明太子は包丁の背でこそげる
パスタなどに使うときの辛子明太子の身をこそげるには、真ん中に切り込みを入れて皮を観音開きにし、包丁の背で半身ずつこそげるとうまくいきます。辛子明太子やたらこ、筋子などの魚卵を保存するときは、切らずに1本1本ラップでしっかり包み、保存袋に入れて冷蔵保存します。冷凍保存もできますが、風味が落ちるのでおすすめしません。

●切り身魚は下味をつけて保存する

切り身魚を保存するときは、生のままよりも下味をつけて保存したほうが劣化も少なく、また熟成されておいしくなる場合があるのでおすすめです。

> 【しょうゆ漬け】酒、しょうゆ（各大さじ１）
> 【みそ漬け】西京みそ（$\frac{1}{4}$カップ）、みりん（大さじ$\frac{1}{2}$）、しょうゆ（小さじ１）。
> 【ふり塩】魚の重量の約２％の塩をふって20分ほどおき、水けをペーパータオルで拭く。

●しらすはラップで包んで冷凍保存

しらすは傷みやすいので、すぐに使わないなら小分けにしてラップで包み、保存袋に入れて冷凍保存しましょう。ちりめんじゃこは、しらすのように固まらないので、そのまま保存袋に入れて保存できます。

MEMO 野菜・きのこ・乾物

●キャベツの旬と選び方

春キャベツは巻きがゆるくてやわらかく、やさしい甘味が特徴です。冬キャベツはやや平らな丸形で硬めなのが特徴、甘味が強いので煮込み料理などに向いています。春キャベツは葉の巻きがゆるやかでみずみずしいもの、冬キャベツは葉がしっかりしていて重みのあるものを選びましょう。

●キャベツの保存方法

キャベツは、カットしてあるものはラップでぴっちり包み冷蔵庫へ。丸のままの場合は、切り分けるよりも外側の葉からはがしていきながら使い保存するほうが長持ちします。芯が茶色くなっている部分は傷むので削り取りましょう。

●にんじんの保存方法

にんじんは、丸のままならポリ袋に入れて冷暗所または冷蔵庫の野菜室でなるべく立てて保存しましょう。切り分けたり使いかけのものは、ラップで包んで冷蔵庫の野菜室で保存します。

●大根の旬と選び方

大根は、春・夏のものは辛味が強く、秋・冬のものは甘味が増します。大根は葉っぱもおいしいので、細かく切って汁の具にしたり、じゃこと一緒にごま油で炒めて使いきりましょう。葉つき大根は、葉がしっかりしていてしおれていないものを選び、切って売られている大根は切り口が新鮮なものを

選びましょう。水分の蒸発を防ぐために、葉つき大根は買ってきたらすぐに葉を切り落とし、実と別々に保存します。切り口はラップで包み、冷蔵庫の野菜室へ。

●かぼちゃの切り方と加熱時の注意点

かぼちゃは、大きいと包丁で切りにくいので、使う分だけはじめに電子レンジで1～2分加熱しておくと切りやすくなります。また、加熱調理を何回かに分けてする場合、レンジ内があたたまっていくので、様子を見ながらやわらかくなり過ぎないように注意しましょう。たとえば、「かぼちゃとパプリカのカレーピクルス(P.128)」では、やわらか過ぎるとピクルス液に漬けたときにくずれてしまいます。

●ごぼうの保存方法

泥つきごぼうは、日もちするので新聞紙で包んで冷暗所におけば1週間から10日は保存できます。洗いごぼうは泥つきほど日もちしないので、濡らした新聞紙に包んでポリ袋に入れ、冷蔵庫の野菜室で保存します。

●小松菜は加熱し過ぎに注意

小松菜は、シャキッとした歯ごたえを楽しみたい青菜なので、炒めるにしても煮るにしても加熱し過ぎには十分注意しましょう。

●白菜の保存方法

白菜は、カットしてあるものはラップできっちり包んで冷蔵庫の野菜室で保存します。丸のままは、夏以外は新聞紙で包んで風通しのよい冷暗所で保存。夏場はラップで包んで冷蔵庫に入れましょう。

●じゃがいもの選び方と保存方法

じゃがいもは、ふっくらとしていて皮が薄く、傷やしわのないもの、芽が出ていなくて持ったときに重量感があるものを選びましょう。保存する場合は、新聞紙で包んで風通しのよい冷暗所で。

●里芋の扱い方と保存方法

里芋は丸みがあり、重みがあるものを選びましょう。傷がついていないか、乾燥していないかもチェックして。低温が苦手なので冷蔵庫には入れずに、新聞紙で包んで風通しのよい冷暗所で保存します。皮をむくときは水けをよく拭いてから。または、洗って半日ほど天日干しするとむきやすくなります。また、里芋はゆでて皮をむいた状態でも冷凍できます。使う分ずつ小分けにして保存袋に入れ、冷凍保存しましょう。

●にんにくは熱湯をかけて薄皮をむく

にんにくは薄皮がむきづらいことがよくあります。そんなときは、熱湯を回しかけると簡単につるっとむけます。

●きのこの扱い方

しいたけ、しめじ、えのきだけ、まいたけ、エリンギなどのきのこ類は、水けが苦手です。水洗いすると水っぽくなって風味も落ちるので、洗わないで使いましょう。汚れはペーパータオルで拭き取ります。しいたけの笠の内側にある汚れは、軸を切ってから内側を下にしておき、上から包丁を寝かせてポンポンとたたいて落としましょう。

●きのこは天日干しがおすすめ

使い切れないきのこ類は、天日干ししてみましょう。ザルに重ならないように広げて、天気のよい日に半日から1日干してみてください。うまみが凝縮されて歯ごたえもアップ。しっかり水分が抜ければ長期保存も可能です。大きなエリンギなどは手で裂いてから干しましょう。

●切干し大根の戻し方

切干し大根は、水の中でもみ洗いして汚れを落としてから戻しましょう。かぶるくらいの水に15分ほどつけて戻します。戻し汁は煮汁として活用しましょう。

●高野豆腐の戻し方

高野豆腐は水分を吸うときに味がしみるので、しっかりと戻すことと濁りがなくなるまでしぼることが大切です。しぼるときは両手のひらでやさしくはさんで、くずさないようぎゅっとしぼってください。

●ひじきの戻し方

ひじきを戻すときは、水だと20〜30分かかるので、お湯で戻すのがおすすめです。ただ、湯の温度が50℃を超えると栄養分が流れ出てしまうので注意が必要。だいたい40℃前後以下、お風呂のお湯くらいの温度と覚えましょう。また、水に長くつけ過ぎても栄養分が流れ出てしまうので注意しましょう。

3章

野菜・きのこ・乾物の
つくりおきおかず

副菜

キャベツ

煮物や炒め物、漬け物、サラダなど、
いろいろなおかずにアレンジできる安くておいしい野菜。
春キャベツはやわらかく、冬キャベツは硬くて甘味が強い。

1個 (1300g)

調理のPoint

食べやすい大きさのざく切りにする。
食感を残すよう加熱し過ぎない。

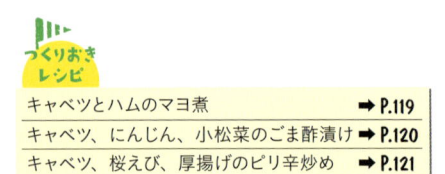

つくりおきレシピ

キャベツとハムのマヨ煮	➡ P.119
キャベツ、にんじん、小松菜のごま酢漬け	➡ P.120
キャベツ、桜えび、厚揚げのピリ辛炒め	➡ P.121

キャベツとハムのマヨ煮

マヨネーズの酸味とコクがご飯にもよく合う。

時間 20分　冷蔵 3日　冷凍 1か月　　コク味

● 材料（2人分）
キャベツ ……1/6個
ハム……8枚
オリーブ油……少々
しょうが（千切り）……1かけ
玉ねぎ（くし形切り）……1/2個
マヨネーズ……大さじ1
水……1/2カップ
しょうゆ……小さじ1

1. キャベツはざく切り、ハムは1枚を1/6の放射状に切る。
2. フライパンにオリーブ油を熱し、しょうが、玉ねぎを炒める。
3. 2にマヨネーズ、1を加えて炒め、水を加える。ひと煮立ちしたら、しょうゆを加えて調味する。

材料スイッチ

ハムの代わりにソーセージでも。そのままパンにはさんでサンドイッチの具にしてもOK。

キャベツ、にんじん、小松菜のごま酢漬け

余り野菜でつくれるごま風味の即席浅漬け。

| 時間 | 10分 | 冷蔵 | 4日 | 冷凍 | 1か月 | さっぱり味 |

● 材料（4人分）

キャベツ（ざく切り）……1/4個
にんじん（千切り）……1/3本
小松菜（ざく切り）……1株
塩……小さじ1/2
A ┌ 白すりごま……大さじ2
  │ 鶏ガラスープの素（顆粒）
  │   ……小さじ1
  │ しょうゆ……小さじ1
  │ 酢……大さじ3
  └ ごま油……少々

1. キャベツ、にんじん、小松菜はポリ袋に入れて塩をふり、袋の上からまんべんなくもんで5分おく。
2. 全体がしんなりしたらAを加え、なじませる。

キッチンメモ

季節によって野菜の硬さやボリュームが違うので、味が薄いと感じたらAの量を調整しましょう。

キャベツ、桜えび、厚揚げのピリ辛炒め

おつまみにも合うボリューム感のあるおそうざい。

時間 15分　冷蔵 4日　冷凍 1か月　コク味

●材料 (2人分)

- **キャベツ**（ざく切り）……1/6個
- 厚揚げ……1枚
- 赤唐辛子……1本
- ごま油……少々
- にんにく（みじん切り）……1/2かけ
- A ┌ 酒……大さじ2
　　└ 豆板醤……小さじ1/2
- 桜えび……大さじ2
- しょうゆ……大さじ1

1. 厚揚げはひと口大に切る。赤唐辛子は種を除いて水につけて戻し、輪切りにして水けを拭く。
2. フライパンにごま油を熱して赤唐辛子、にんにくを炒め、香りが立ってきたら厚揚げを加えて炒め、焼き色がついたらキャベツを加えて炒める。
3. Aを加えてふたをし、3〜4分蒸し煮する。桜えびを加え、鍋肌からしょうゆを回し入れて調味する。

材料スイッチ
桜えびの代わりに煮干し、ちりめんじゃこ、かつお節などでつくっても。

大根

サラダや漬け物、煮物、炒め物、薬味など、
いろいろ使い回せる便利な野菜。春から夏にかけては辛味が強く、
秋から冬にかけては甘味が増す。

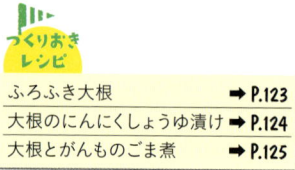

1本
(1000g)

調理のPoint

皮は厚めにむく。
煮くずれを防ぐために面取りする。

つくりおきレシピ

ふろふき大根	➡ P.123
大根のにんにくしょうゆ漬け	➡ P.124
大根とがんものごま煮	➡ P.125

ふろふき大根

ゆずみそだれが決め手のあったか大根。

時間 **25分**　冷蔵 **4日**　冷凍 **3週間**　さっぱり味

●材料（2人分）
大根 ……1/3本
A ┌ 砂糖・みそ……各大さじ2
　├ みりん……大さじ2
　└ ゆずのしぼり汁……小さじ1
ゆずの皮（千切り）……少々

変身メニュー
このみそだれは、大根のほか、こんにゃく、豆腐などにかけてもおいしいです。

1. 大根は3cm幅の輪切りにして皮を厚めにむき、面取りして裏に十文字に隠し包丁を入れる。
2. 鍋に1を入れ、かぶるくらいの米のとぎ汁（なければお茶パックなどに米大さじ1を入れたもの）を加えて、竹串がすっと通るくらいまでやわらかくゆでる。
3. 小鍋にAを入れて弱火にかけ、混ぜながらあたためる。
4. 器に2を盛り、3をスプーン1杯ずつかけて柚子の皮を飾る（保存する場合、たれは食べるときにかける）。

大根のにんにくしょうゆ漬け

カリカリの歯ごたえがおいしい大根の浅漬け。

時間 **15分**　冷蔵 **5日**　冷凍 **3週間**　さっぱり味

●材料（4人分）

大根 ……1/4本
大根の葉（あれば）……少々
塩……小さじ1
A ┌にんにく……1かけ
　│しょうゆ……大さじ1
　└ごま油……大さじ1

1. 大根は皮をむき、長さ5cmの棒状に切り、葉、塩と一緒にポリ袋に入れて袋の上からもむ。
2. にんにくは、めん棒や包丁の腹などを押し当ててつぶす。
3. 全体がしんなりしてきたらAを加え、よく混ぜる。

> キッチンメモ
>
> むいた皮は大きさを揃えて切り、同様にAに漬ければパリパリ食感がおいしい浅漬けに。

大根とがんものごま煮

素朴な味わいでご飯がすすむヘルシー煮物。

| 時間 | 30分 | 冷蔵 | 3日 | 冷凍 | 3週間 |

コク味

●材料（2〜3人分）
大根 ……1/4本
がんもどき……小6個
きぬさや……14〜15本
A ┌酒・砂糖……各大さじ2
　│しょうゆ・練りごま……大さじ2
　└煮干し……5尾

1. 大根は皮をむき、厚さ2cmの半月切りにする。がんもはザルにのせて熱湯を回しかけ、粗熱が取れたら手のひらではさんで水分を押し出して油抜きをする。きぬさやはへたと筋を取る。

2. 鍋に大根を入れ、かぶるくらいの水を加えて、竹串がすっと通るくらいまでやわらかくゆでる。

3. 2にがんも、Aを入れて落としぶたをし、15分ほど煮る。最後にきぬさやを加えて火を通し、器に盛る。

キッチンメモ
煮干しは大きいものを使う場合は頭とわたを取り除きましょう。

副菜●野菜のおかず

大根

大根のにんにくしょうゆ漬け／大根とがんものごま煮

かぼちゃ

国内で流通しているかぼちゃのほとんどは西洋かぼちゃで、ほくっと栗のような肉質で甘味がある。煮物、炒め物、サラダ、スープなど、いろいろな料理にアレンジ可能。

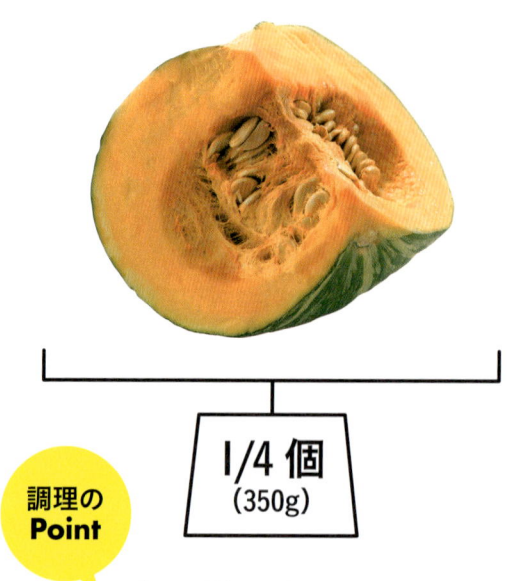

1/4 個
(350g)

調理の Point

スプーンで種を取り除く。
電子レンジで加熱してやわらかくする。

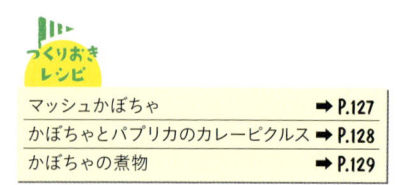

つくりおきレシピ

マッシュかぼちゃ	➡ P.127
かぼちゃとパプリカのカレーピクルス	➡ P.128
かぼちゃの煮物	➡ P.129

マッシュかぼちゃ

サラダはもちろんスープやコロッケにも応用できる。

時間 20分　冷蔵 4日　冷凍 1か月　　　　コク味

●材料（2人分）
かぼちゃ……1/4個
バター……20g
塩……小さじ1/2

1. かぼちゃはスプーンで種を取り、4つくらいに切って保存袋に入れ、袋を少し開けて電子レンジでやわらかくなるまで7〜8分加熱する（取り出すときは熱いので湯気に注意）。

2. 1にバター、塩を加え、袋の上から麺棒などで押してつぶしながらよく混ぜる。

変身メニュー

牛乳でのばせば「かぼちゃスープ」、衣をつけて揚げれば「かぼちゃコロッケ」に。バターを入れずに離乳食にも応用できます。その際は少量の粉ミルクを溶かしたものでのばしてください。

副菜・野菜のおかず

かぼちゃ

マッシュかぼちゃ

かぼちゃとパプリカのカレーピクルス

かぼちゃは硬めに仕上げて漬けるのがコツ。

時間 40分　冷蔵 4日　冷凍 1か月　　さっぱり味

● 材料（2人分）

かぼちゃ ……1/6個
パプリカ（赤）……1/2個
A ┌ 酢……1カップ
　│ 水……1/2カップ
　│ はちみつ（または砂糖）
　│ 　……大さじ4
　└ 塩・カレー粉……各小さじ2

1. かぼちゃはスプーンで種を取り、かたまりのままラップで包んで電子レンジで2分加熱し、薄いくし形に切る。耐熱容器に並べ、再度電子レンジで1分30秒加熱して（少し硬いくらいでOK）、保存容器に入れる。

2. パプリカは縦に細切りにして1に加える。

3. 小鍋にAを入れて火にかけ、ひと煮立ちしたら1に注ぐ。30分くらいで食べられる。

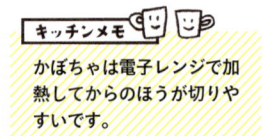

キッチンメモ
かぼちゃは電子レンジで加熱してからのほうが切りやすいです。

かぼちゃの煮物

ほっこりかぼちゃの素朴でやさしい味わい。

時間 25分 **冷蔵** 4日 **冷凍** 1か月   コク味

● 材料（2人分）
- かぼちゃ……1/4個
- A ┌ 昆布……5cm
　　└ 砂糖……大さじ1
- 薄口しょうゆ……小さじ1

1. かぼちゃはスプーンで種を取り、くし形に切る。
2. 鍋に1が重ならないように皮目を下にして隙間なく並べ、かぶるくらいの水を加えてAを入れる。
3. 落としぶたをして火にかけ、かぼちゃが動かないくらいの火加減で、やわらかくなるまで5～6分煮る。
4. しょうゆを回し入れ、汁けがなくなるまで煮る。

キッチンメモ
使う鍋は、かぼちゃが重ならずに並べることができてぴったり入るくらいの大きさのものを選びましょう。

ごぼう

食物繊維が豊富な低カロリーのヘルシー野菜。
初夏に出回るものはやわらかい。
サラダや炒め物など歯ごたえをいかす料理に向く。

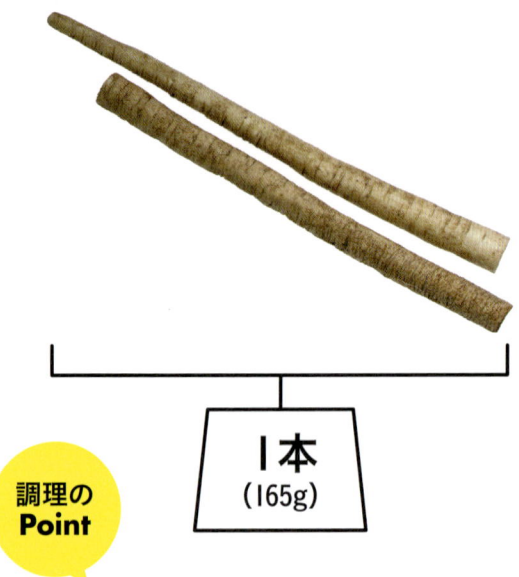

1本
(165g)

調理のPoint

泥を落としてよく洗う。
切ったらすぐに酢水につけてアク抜きする。

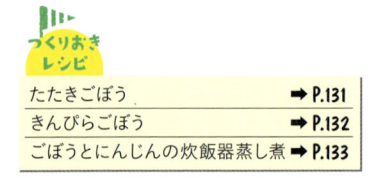

つくりおきレシピ

たたきごぼう	➡ P.131
きんぴらごぼう	➡ P.132
ごぼうとにんじんの炊飯器蒸し煮	➡ P.133

たたきごぼう

濃厚で香ばしいごま酢風味があと引くおいしさ。

時間 15分　冷蔵 4日　冷凍 1か月　さっぱり味

● 材料（4人分）
- ごぼう……2本
- A
  - 酢……1/4カップ
  - しょうゆ……小さじ1
  - 練りごま……大さじ2
  - 白いりごま……少々
  - 鶏ガラスープの素（顆粒）……小さじ1/2

1. ごぼうはたわしなどでよく洗い、長さ4cmに切って縦1/4の棒状に切り、酢水につける。酢少々（分量外）を加えた熱湯で歯ごたえが残る程度に3分ゆでて、水けをきる。
2. ポリ袋に1を入れ、味がしみやすいように袋の上からめん棒などで軽くたたき、Aを加えて和える。

キッチンメモ

ごぼうをめん棒でたたくときは、亀裂を入れるイメージで。酢水の分量は、水500mlに対して酢大さじ1/2〜1。

きんぴらごぼう

ごぼうとにんじんの食感もおいしい人気のおかず。

時間 **20分** 冷蔵 **4日** 冷凍 **1か月**　　　コク味

● 材料（4人分）
- <mark>ごぼう</mark> ……1本
- にんじん……1本
- 赤唐辛子……1/2本
- ごま油……大さじ1
- A
  - 酒……大さじ3
  - 砂糖……大さじ2
  - しょうゆ……大さじ1
  - 白いりごま……適量

変身メニュー

好みで七味唐辛子やさんしょうの粉をふっても。きんぴらを細かく刻んで汁ごとご飯に混ぜ、混ぜご飯にしてもおいしい。ごまや薬味をたっぷり混ぜて。

1. ごぼうはたわしなどでよく洗い、長さ4cmに切って細切りにし、酢水につけて水けをきる。にんじんは長さ4cmの細切りにする。赤唐辛子は種を除いて水につけて戻し、輪切りにして水けを拭く。
2. フライパンにごま油を熱し、**1**を加えて炒める。
3. 火が通ったら**A**を加え、汁けがなるくらいまで炒め煮する。

ごぼうとにんじんの炊飯器蒸し煮

炊飯器だから手間いらずで中までほっこり炊ける。

| 時間 45分 | 冷蔵 4日 | 冷凍 1か月 | さっぱり味 |

● 材料（4人分）
ごぼう……2本
にんじん……1/2本
A ┌ 水……1カップ
　│ 鶏ガラスープの素（顆粒）……小さじ2
　│ バター……10g
　│ 塩……小さじ1/3
　└ 薄口しょうゆ……少々

1. ごぼうはたわしなどでよく洗い、長さ4cmに切って細切りにし、酢水に10分つけて水けをきる。
2. にんじんは皮をむき、長さ4cmの細切りにする。
3. 炊飯器に1、2、Aを入れ、普通に炊く。

変身メニュー
汁ごとミキサーにかけて、スープにしてもおいしい。

にんじん

カロテンなど栄養豊富で使い勝手のよい野菜。
鮮やかな色彩は料理のアクセントにもなる。
サラダや煮物、炒め物など、さまざまな料理に向く。

中1本
(150g)

調理のPoint

皮の下に栄養が多いので皮は薄めにむく。
さまざまな切り方に対応する。

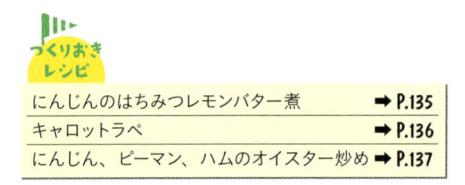

つくりおきレシピ

にんじんのはちみつレモンバター煮	➡ P.135
キャロットラペ	➡ P.136
にんじん、ピーマン、ハムのオイスター炒め	➡ P.137

にんじんのはちみつレモンバター煮

ほんのり甘い、風味豊かなにんじんのグラッセ。

時間 **20分** 冷蔵 **4日** 冷凍 **1か月**　　コク味

●材料（2〜3人分）
- にんじん……1本
- A ┌ 水……1/2カップ
- 　├ バター……10g
- 　└ はちみつ……大さじ4
- スライスレモン（国産）……3〜4枚
- レモン汁……大さじ2
- 塩……小さじ1/3

1. にんじんは皮をむき、1cm幅の輪切りにする。
2. 鍋に1、Aを入れ、クッキングペーパーなどの落としぶたをして煮る。
3. にんじんがやわらかくなったらスライスレモン、レモン汁を加え、塩で調味する。

キッチンメモ
レモン汁を加えるとクエン酸の作用で色鮮やかに仕上がります。

材料スイッチ
はちみつの代わりに砂糖大さじ3を加えても。

副菜●野菜のおかず

にんじん

にんじんのはちみつレモンバター煮

キャロットラペ

にんじん本来の甘さが味わえるシンプルサラダ。

| 時間 | 10分 | 冷蔵 | 3日 | 冷凍 | 1か月 |

さっぱり味

● 材料（2～3人分）
- にんじん……1本
- 塩……小さじ1/2
- オリーブ油……大さじ2
- クミンシード……小さじ2

1. にんじんは千切りにしてポリ袋に入れ、塩を加えて袋の上からよくもむ。
2. にんじんがしんなりしたらオリーブ油、クミンシードを加え、全体によく混ぜる。

キッチンメモ

スライサーで千切りにしてもOK。ピーラーでリボン状の薄切り（P.109参照）にしてつくっても。

にんじん、ピーマン、ハムのオイスター炒め

さっと炒め合わせるだけのかんたん中華炒め。

時間 15分　冷蔵 4日　冷凍 1か月　コク味

●材料（2〜3人分）
にんじん……1本
ピーマン……2個
ハム……6〜8枚
サラダ油……大さじ1
A ┌ 酒・酢……各大さじ1
　└ オイスターソース……大さじ1
七味唐辛子……少々

1. にんじんは厚さ5mmの半月切り、ピーマンは種を取り、繊維と直角に1cm幅に切る。ハムは1枚を1/4の放射状に切る。
2. フライパンにサラダ油を熱してにんじんを炒め、火が通ったらハム、ピーマンを加えて炒める。
2. Aを加え、全体にからめながら炒めて、好みで七味唐辛子をふる。

キッチンメモ

Aは、野菜炒めや焼きそばの味つけに使ってもOK。

小松菜

食物繊維や栄養を豊富に含む代表的な青菜の1つ。
シャキっとした歯ごたえが特徴で、
アクが少ないので下ゆでする必要がない。

1束
(230g)

調理のPoint

食べやすい大きさに切る。
食感を残すようにさっと加熱する。

つくりおきレシピ

小松菜とじゃこの煮びたし	➡ P.139
小松菜とコーンのバターしょうゆ炒め	➡ P.140
小松菜のごま炒め	➡ P.141

小松菜とじゃこの煮びたし

小松菜の食感をほどよく残すようにさっと煮る。

時間 15分　冷蔵 3日　冷凍 1か月　　　さっぱり味

● 材料（2〜3人分）
<mark>小松菜</mark> ……1/2束
油揚げ……1枚
ちりめんじゃこ……大さじ3
ごま油……小さじ2
水……1カップ
しょうゆ……大さじ2〜3
白いりごま……大さじ2

1. 小松菜は根元を切り落とし、長さ4cmに切る。油揚げは縦半分に切ってから1.5cm幅の短冊切りにする。
2. 鍋にごま油を熱してちりめんじゃこを炒め、1を加えて火が通ったら水を加える。
3. 煮立ったらしょうゆを加えて調味し、ごまをまぶす。

キッチンメモ
ちりめんじゃこの塩分により、しょうゆの量は調整しましょう。みそ汁の具にしてもおいしいです。

小松菜とコーンのバターしょうゆ炒め

バターしょうゆ風味が食欲をそそる。

時間 15分　冷蔵 3日　冷凍 1か月　コク味

●材料（2〜3人分）

小松菜 ……1/2束
粒コーン（缶詰）……200g
サラダ油……大さじ1/2
しょうが（みじん切り）……大さじ1
バター……10g
しょうゆ……小さじ2
こしょう……少々

変身メニュー

カップにコンソメ（顆粒）を適量入れて熱湯を注ぎ、「小松菜とコーンのバターしょうゆ炒め」を加えれば、忙しい朝におすすめの即席スープの完成。ご飯に少し混ぜて、おにぎりにしても（P.162）。

1. 小松菜は根元を切り落とし、ざく切りにする。コーンは汁けをきる。
2. フライパンにサラダ油を熱してしょうが、**1**を入れ、さっと炒める。
3. 小松菜がしんなりしたらバターを加えて混ぜ、しょうゆ、こしょうで調味する。

小松菜のごま炒め

ほかほかご飯のお供にうれしい常備菜。

時間 20分 / 冷蔵 3日 / 冷凍 1か月 / コク味

● 材料（2～3人分）
- 小松菜……1/2束
- パプリカ（赤）……1/3個
- サラダ油……大さじ1
- 塩昆布……大さじ2
- 砂糖……大さじ2
- しょうゆ……大さじ1
- 白いりごま……大さじ3

1. 小松菜は根元を切り落とし、小さめのざく切りにする。パプリカは細かく切る。
2. フライパンにサラダ油を熱して1を炒め、火が通ったら塩昆布、砂糖、しょうゆ、ごまの順に加えて調味し、汁けがなくなったら火を止める。

キッチンメモ
ご飯にふりかけとしてかけたり、混ぜご飯にするのもおすすめです。

きのこ

食物繊維を多く含んだ低カロリーのヘルシー食材。
ここでは、しいたけ、エリンギ、えのきだけ、しめじを使用。

しいたけ 1 枚 (30g)
エリンギ 1 本 (30〜80g)
えのきだけ 1 パック (200g)
しめじ 1 パック (200g)

調理の Point

汚れはぬれ布巾などで拭き取る。
石づき(根の硬い部分)を取って使う。

つくりおきレシピ

きのこ、ブロッコリー、しらすの塩レモン蒸し	➡ P.143
きのこのピクルス	➡ P.144
きのこの明太子マヨ炒め	➡ P.145

きのこ、ブロッコリー、しらすの塩レモン蒸し

ミックスきのこの塩味さっぱりおかず。

時間 15分　冷蔵 4日　冷凍 1か月　さっぱり味

副菜 ● 野菜のおかず

きのこ

きのこ、ブロッコリー、しらすの塩レモン蒸し

● 材料（4人分）
しいたけ ……4〜5枚
エリンギ ……1パック
えのきだけ ……1パック
ブロッコリー……1/2個
しらす……大さじ3
A ┌酒……大さじ2
　├塩……小さじ1/2
　└こしょう……少々
レモン汁……大さじ1

変身メニュー

オリーブ油を回しかけてイタリアンパセリ（ざく切り）を散らせば、ワインにも合う一品に。

1. しいたけは石づきを取り、縦半分に切る。エリンギは大きめの輪切りにする。えのきだけは石づきを取り、小房に分ける。ブロッコリーは小房に分ける。

2. 耐熱容器に 1 を並べ入れ、しらす、A をふり、ラップをふんわりかけて電子レンジで 2 分加熱する。

3. 湯気に注意してラップをはずし、レモン汁をかける。

きのこのピクルス

酸味のきいたさっぱりきのこの常備菜。

時間 **20分**　冷蔵 **7日**　冷凍 **1か月**　　　さっぱり味

● 材料（4人分）

- しいたけ ……4〜5枚
- しめじ ……1パック
- エリンギ ……1本
- A
  - 酢……1カップ
  - 水……1/2カップ
  - 塩……小さじ2
  - はちみつ（または砂糖）……大さじ4
  - ローリエ……1枚
  - 粒こしょう（黒）……5〜6粒

1. しいたけは石づきを取り、縦半分に切る。しめじは石づきを取り、小房に分ける。エリンギは縦半分に切り、4等分に切る。

2. 鍋に湯を沸かして塩少々（分量外）を加え、1をさっとゆでてザルに上げ、水けをきる。

3. 容器にAを入れ、2をつける。1時間くらいから食べられる。

キッチンメモ

きのこは、天気がよければ3時間ほど天日干しするとうまみが増します。2では、ゆでないで電子レンジで2分ほど加熱してもOK。

きのこの明太子マヨ炒め

明太マヨネーズ風味のコクうまピリ辛おかず。

時間 15分　冷蔵 4日　冷凍 1か月　コク味

●材料（4人分）
しいたけ ……4枚
エリンギ ……1パック
えのきだけ ……1パック
マヨネーズ……大さじ2
A ┌ 酒……大さじ2
　│ 辛子明太子（身をこそげる）
　└ ……1/2腹
こしょう……少々
万能ねぎ（小口切り）……少々

1. しいたけは石づきを取り、大きめの削ぎ切りにする。エリンギは縦半分に切り、斜め薄切りにする。えのきだけは石づきを取り、小房に分ける。
2. フライパンにマヨネーズを弱火で熱し、**1**を加えてさっと炒める。
3. **A**を加えて全体にからめ、こしょう、万能ねぎをふる。

切干し大根

大根を細切りにして天日などで乾かしたもの。
干すことで栄養価がアップし、香りや甘味が出る。
ミネラル、食物繊維たっぷりのヘルシー食材。

20g

調理のPoint

水につけて戻し、水けをしっかりしぼる。
食べやすいよう適量な長さに切る。
味をよく含ませる。

つくりおきレシピ

切干し大根のサラダ	➡ P.147
切干し大根の煮物	➡ P.148
切干し大根のペペロンチーノ	➡ P.149

切干し大根のサラダ

切干し大根と野菜の食感がベストマッチ。

時間 **15分**　冷蔵 **3日**　冷凍 **1か月**　さっぱり味

● 材料（2〜3人分）

切干し大根 ……20g
キャベツ（ざく切り）……2枚
ピーマン（細切り）……1個
赤玉ねぎ（薄切り）……1/3個
A ┌ 切干し大根の戻し汁……大さじ2
　│ オリーブ油……大さじ2
　│ 砂糖……大さじ1
　│ 塩……小さじ1/2
　│ 酢……大さじ2
　│ バルサミコ酢……小さじ1
　└ こしょう……少々

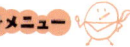

変身メニュー

レモンをきゅっとしぼって、白ワインのお供にもおすすめ。こんがり焼いたソーセージと一緒にパンにはさんでもおいしい。

1. 切干し大根は水につけて戻し、水けをしっかりしぼって食べやすい長さに切る。戻し汁は取っておく。

2. 鍋に湯を沸かして塩少々（分量外）を加え、キャベツ、ピーマンをさっとゆでてザルに上げ、水けをしぼる。

3. ボウルに**1**、**2**を入れ、**A**を加えて和える。

切干し大根の煮物

コリコリとした切干し大根ならではの歯ごたえ。

時間 **20分**　冷蔵 **3日**　冷凍 **1か月**　　コク味

● 材料（4人分）

- 切干し大根 ……40g
- 赤唐辛子……1本
- サラダ油……大さじ1
- にんじん（千切り）……1/2本
- 白いりごま……大さじ1
- 切干し大根の戻し汁……1/2カップ
- A ┌ 砂糖……大さじ2
　　├ 塩……小さじ1/2
　　└ しょうゆ……大さじ2 1/2

保存 Point

お弁当のおかずにもぴったりなので、アルミカップなどに1食分ずつ入れて冷凍保存しておくと便利。食べるときは自然解凍でOK。

1. 切干し大根は水につけて戻し、水けをしっかりしぼって食べやすい長さに切る。戻し汁は取っておく。赤唐辛子は種を除いて水につけて戻し、輪切りにして水けを拭く。

2. フライパンにサラダ油を熱し、**1**の切干し大根、赤唐辛子、にんじんを炒めて火が通ったら戻し汁、**A**を加え、汁けがなくなるまで3～4分煮る。

3. 火を止めて、冷めるまでおく。

切干し大根のペペロンチーノ

特有の香りとうまみをいかしたサラダ風。

時間 20分　冷蔵 5日　冷凍 1か月　　　さっぱり味

● 材料（4人分）

切干し大根 ……40g
オリーブ油……大さじ1
にんにく（薄切り）……1かけ
A ┌ 赤唐辛子（種を取り除く）……1本
　├ パプリカ（黄・斜め薄切り）……1個
　├ セロリ……1本
　└ セロリの葉（ざく切り）……適量
B ┌ 切干し大根の戻し汁……大さじ2
　├ 塩……小さじ1/3
　└ こしょう……少々

キッチンメモ
ガーリックチップをつくるコツは、弱火でじっくり炒めること。

1. 切干し大根は水につけて戻し、水けをしっかりしぼって食べやすい長さに切る。戻し汁は取っておく。
2. フライパンにオリーブ油、にんにくを入れて弱火にかけ、じっくり炒めてきつね色になるまで火を通して（ガーリックチップ）取り出す。
3. 2のフライパンにA、1の切干し大根を入れて炒め、火が通ったらBで調味する。容器に入れ、2を散らす。

副菜・乾物のおかず

切干し大根

切干し大根の煮物／切干し大根のペペロンチーノ

高野豆腐

豆腐を凍らせてから乾燥させたもので、植物性たんぱく質、カルシウムが豊富に含まれる。煮物や炒め物、和え物、サラダなどに向く。

2枚（35g）

調理のPoint

熱湯でしっかり戻す。
水けをしっかりしぼる。
味をよく含ませる。

つくりおきレシピ

高野豆腐のチンジャオロース風	➡ P.151
高野豆腐の含め煮	➡ P.152
高野豆腐のステーキ風	➡ P.153

高野豆腐のチンジャオロース風

乾物とシャキシャキ野菜の中華風炒め。

時間 20分　冷蔵 4日　冷凍 1か月　コク味

● 材料（2～3人分）
- 高野豆腐……4枚
- A
  - 水……½カップ
  - 酒……大さじ4
  - しょうゆ……大さじ1
  - オイスターソース……大さじ1
  - 片栗粉……小さじ2
- サラダ油……大さじ1
- B
  - しょうが（みじん切り）……1かけ
  - にんにく（みじん切り）……1かけ
- C
  - ゆでたけのこ（細切り）……20g
  - ピーマン（細切り）……2個
  - パプリカ（赤・細切り）……¼個
- 塩・こしょう……各少々

1. 高野豆腐はボウルに入れてひたひたに熱湯を注ぎ、浮いてこないよう落としぶたをしてラップをかけ、2分蒸らす。水に取って軽くもみ、濁りが出なくなるまで水を替え、水けをしぼる。
2. 1は厚みを半分に切って細切りにし、混ぜておいたAにつけて味を含ませる。
3. フライパンにサラダ油を熱してBを炒め、香りが立ってきたらCを加えて炒める。火が通ったら2を汁ごと加え、とろみがついたら塩、こしょうで調味する。

高野豆腐の含め煮

ほんのり甘くてほっとするなつかしい味わい。

時間 20分　冷蔵 3日　冷凍 1か月　　さっぱり味

● 材料（4人分）
高野豆腐……6枚
干ししいたけ……3個
にんじん……1/2個
きぬさや（筋を取る）……8〜10本
A ┌ 干ししいたけの戻し汁……2カップ
　│ 酒・しょうゆ……各大さじ2
　└ 砂糖……大さじ4

キッチンメモ
高野豆腐の水分をしぼるときは、両手のひらでやさしくはさみ、くずさないようにぎゅっとしぼります。

1. 高野豆腐は151ページの**1**と同様に戻し、水けをしぼって6〜8等分に切る。

2. にんじんは皮をむいて小さめの乱切りにする。干ししいたけは水で戻して軸を取り、削ぎ切りにする。

3. 鍋に**A**、**2**を入れて火にかけ、やわらかくなったら**1**の水けを両手でしぼりながら加え、落としぶたをして4〜5分煮る。きぬさやを加え、ひと煮して火を止めて冷めるまでおく。

高野豆腐のステーキ風

味をしっかり含ませてからこんがり焼き上げる。

時間 **20分**　冷蔵 **3日**　冷凍 **1か月**　　コク味

● 材料（2人分）

- 高野豆腐 …… 2枚
- A
  - 酒・砂糖 …… 各大さじ2
  - しょうゆ …… 大さじ1
  - みりん …… 大さじ2
  - にんにく（すりおろし）…… 1かけ
- 薄力粉 …… 適量
- サラダ油 …… 大さじ1
- B
  - 白髪ねぎ …… 5cm分
  - 糸唐辛子 …… 適量
  - 万能ねぎ（小口切り）…… 少々

1. 高野豆腐は151ページの**1**と同様に戻し、両手ではさんで水けをしっかりしぼって厚みを半分に切る。

2. ポリ袋に**A**、**1**を入れ、全体に味をしみ込ませたら取り出し、軽く汁けを拭いて薄力粉をまぶす。

3. フライパンにサラダ油を熱して**2**を入れ、両面に焼き色がつくように焼く。容器に入れ、**B**をのせる。

ひじき

棒状の長ひじきと粒状の芽ひじきとあり、
ここでは乾燥長ひじきを使用。
低カロリーで鉄分、カルシウム、食物繊維が豊富な海藻。

10g
（戻すと100g）

調理のPoint

40℃の湯で戻す。
食べやすい大きさに切る。
味をよく含ませる。

づくりおきレシピ

ひじきと里芋のお焼き	➡ P.155
ひじきとブロッコリーのツナサラダ	➡ P.156
ひじきの煮物	➡ P.157

ひじきと里芋のお焼き

甘辛あんがとろりとかかった里芋団子。

| 時間 | 25分 | 冷蔵 | 3日 | 冷凍 | 1か月 |

コク味

● 材料（2人分）
- **ひじき（乾燥）**……10g
- 里芋……4～5個
- A ┌ 塩・こしょう……各少々
  └ 片栗粉……小さじ1
- サラダ油……大さじ1
- B ┌ めんつゆ（2倍濃縮）……1/4カップ
    │ 水……1/2カップ
    │ 砂糖……大さじ2
    │ しょうが（すりおろし）……1かけ
    └ 片栗粉……小さじ2
- 万能ねぎ（小口切り・あれば）……少々

キッチンメモ
ひじきは水から戻すと20～30分かかるので、湯のほうが早いです。

1. ひじきは洗って40℃の湯につけて戻し、ざく切りにする。
2. 里芋は水洗いして耐熱容器に入れ、ラップをして電子レンジでやわらかくなるまで3～4分加熱して皮をむく。
3. ポリ袋に**2**を入れて袋の上からめん棒などでつぶし、**1**、**A**を加えて混ぜる。取り出して4～6等分し、小判型にまとめる。
4. フライパンにサラダ油を熱して**3**を入れ、両面を焼く。混ぜておいた**A**を加え、とろみがついたら全体にからませる。

副菜・乾物のおかず

ひじき（乾燥）

高野豆腐のチンジャオロース風

ひじきとブロッコリーのツナサラダ

食物繊維いっぱいのヘルシーサラダ。

時間 **20分** 冷蔵 **3日** 冷凍 **1か月** さっぱり味

●材料（2～3人分）

- **ひじき（乾燥）**……10g
- ブロッコリー……1/2株
- パプリカ（赤・黄）……各1/4個
- ツナ缶（ノンオイル）……小1缶
- オリーブ油……大さじ2
- A ┌ 酢……大さじ2
  │ マヨネーズ……大さじ1
  └ 塩・こしょう……各少々

味つけアレンジ

さっぱり味にしたいならマヨネーズは加えなくても。パスタなどと和えてもおいしい。

1. ひじきは洗って40℃の湯につけて戻し、長ければ適当な長さに切る。ブロッコリーは小房に分け、パプリカは長さを半分に切って細切りにする。

2. 鍋に湯を沸かして塩少々（分量外）を加え、ブロッコリーをやわらかめにゆでて水に取り、水けをきってざく切りにする。

3. ボウルに**1**、**2**、汁けをきったツナ、**A**を加え、和える。

ひじきの煮物

多めにつくって常備しておくと便利なおかず。

時間 20分 ／ 冷蔵 3日 ／ 冷凍 1か月　　コク味

●材料（4人分）
ひじき（乾燥）……20g
にんじん……1/2本
こんにゃく……1/2枚
ゆで大豆（汁けをきる）……100g
きぬさや（斜め細切り）……6本
サラダ油……大さじ1
A ┌ 酒……大さじ3
　│ 砂糖……大さじ4
　└ しょうゆ……大さじ5

1. ひじきは洗って40℃の湯につけて戻し、長ければ適当な長さに切る。にんじんはいちょう切り、こんにゃくは下ゆでして食べやすい大きさの細切りにする。

2. フライパンにサラダ油を熱して**1**を炒め、火が通ったらA、ゆで大豆を加えて炒め煮し、汁けがなくなったらきぬさやを加え、ひと混ぜする。

つくりおきおかずでつくる！
朝つめるだけラクラク弁当

つくりおきおかずは、お弁当にも大活躍。
冷蔵庫に常備しておけば、忙しい朝でも10分もあればおいしいお弁当が完成します。

ボリュームたっぷりで、おなかも満足！

すき焼き弁当

具はそれぞれ別々に盛ると見た目もきれい。

赤じそのふりかけ

主菜

牛肉のすき焼き風 ◀レシピはP.83

1食分ずつ小分けにして保存しておくと便利。

副菜

小松菜のごま炒め ◀レシピはP.141

具はご飯の上にのせるように盛ると、汁がしみておいしいです。主菜には野菜が入っているので、副菜は少なくてOK。なるべく食感や味わいの違うおかずから選びましょう。

つくりおきおかずでつくる！
朝つめるだけ
ラクラク弁当

肉厚の焼きざけが
たっぷり入った！

さけの焼きびたし弁当

具は彩りよく
盛りつける。

ごましお＆カリカリ梅

主菜

さけの焼きびたし ◀レシピはP.97

副菜

小松菜とコーンの
バターしょうゆ炒め ◀レシピはP.140

魚メインでも食べごたえのあるお弁当。具には味がついているので、そのまま盛りつければOK。副菜はバターしょうゆ味のおかずでコクとうまみをプラス。梅干しも加えてさっぱりと。

つくりおきおかずでつくる!
朝つめるだけ
ラクラク弁当

味わいの違う副菜を
3種盛り合わせた!

野菜のヘルシーおむすび弁当

おかずは味が移らないようにそれぞれカップに入れる。

ラップで包むことで、しっとり感をキープ。

小松菜とコーンの バターしょうゆ炒め

◀レシピはP.140

おにぎり

[つくり方] ラップにご飯と小松菜を適量のせてにぎる。

162

副菜

切干し大根の
ペペロンチーノ
◀レシピはP.149

副菜

にんじん、ピーマン、
ハムのオイスター炒め
◀レシピはP.137

副菜

きのこの
明太子マヨ炒め
◀レシピはP.145

ガーリック味、オイスターソース味、マヨネーズ味と、それぞれ違った味わいの副菜を盛り合わせたローカロリーなお弁当。おにぎりは、あたたかいご飯と具をラップで包んでつくります。

お弁当のおかず組み合わせ例

本書のレシピから、おすすめの組み合わせを紹介します。

肉メインのお弁当 A

フライドチキン
◀レシピはP.52

＋

里芋のそぼろ炒め
◀レシピはP.18

＋

キャベツ、にんじん、小松菜のごま酢漬け
◀レシピはP.120

or

ひじきの煮物
◀レシピはP.157

> フライドチキンをメインに食物繊維もたっぷりとれる組み合わせ。野菜やひじきはカップに入れて。

肉メインのお弁当 B

牛肉のチーズカツレツ
◀レシピはP.91

＋

キャベツとハムのマヨ煮
◀レシピはP.119

＋

ふろふき大根
◀レシピはP.123

or

キャロットラペ
◀レシピはP.136

> メインの牛カツは好みのソースをかける。汁けの多いおかずは別の容器に入れても。

魚介メインのお弁当 A

さばのごま焼き
◀レシピはP.105

＋

かぼちゃの煮物
◀レシピはP.129

＋

大根のにんにくしょうゆ漬け
◀レシピはP.124

or

小松菜とコーンのバターしょうゆ炒め
◀レシピはP.140

ごま味の焼き魚をメインに、あっさり味とこっくり味の副菜を組み合わせたヘルシー弁当。

魚介メインのお弁当 B

いかとブロッコリーの中華炒め
◀レシピはP.103

＋

そぼろ入りオムレツ
◀レシピはP.19

＋

マッシュかぼちゃ
◀レシピはP.127

or

たたきごぼう
◀レシピはP.131

魚介料理をメインに、バリエーション豊かな副菜を組み合わせたボリューム感のあるお弁当。

お弁当のおかず組み合わせ例

野菜メインのお弁当 A

キャベツ、桜えび、厚揚げのピリ辛炒め
◀レシピはP.121

＋

レンジ肉じゃが
◀レシピはP.26

＋

きのこ、ブロッコリー、しらすのレモン蒸し
◀レシピはP.143

or

高野豆腐のチンジャオロース風
◀レシピはP.151

> 野菜料理がメインながら、食べごたえのある副菜を組み合わせた満足感のあるお弁当。

野菜メインのお弁当 B

れんこんはさみ焼き
◀レシピはP.57

＋

大根とがんものごま煮
◀レシピはP.125

＋

ひじきとブロッコリーのツナサラダ
◀レシピはP.156

or

小松菜とじゃこの煮びたし
◀レシピはP.139

> れんこんはさみ焼きをメインに、彩り豊かな副菜をバランスよく組み合わせたお弁当。

一品で簡単 のっけ弁当

鶏もも肉の1:1:1煮弁当
◀レシピはP.39

[つくり方] ご飯の上にのりをちぎって散らし、刻んだゆでキャベツをしく。鶏肉をのせて汁を回しかける。

ガパオ風そぼろ弁当
◀レシピはP.60

[つくり方] ご飯の上に具をのせて汁を回しかけ、好みでこしょうをふる。

麻婆なす弁当
◀レシピはP.78

[つくり方] ご飯の上に具をのせ、好みで七味唐辛子、さんしょうの粉をふる。

豚肉とチンゲン菜のオイスター煮弁当
◀レシピはP.63

[つくり方] ご飯の上に具をのせ、ゆで卵1/2個またはゆでたうずらの卵1個をのせる。

鶏手羽中のトマト煮込み弁当
◀レシピはP.51

[つくり方] ゆでたショートパスタにかけて具をからめる。または密閉容器に入れ、ご飯とは容器を分ける。

のっけ弁当のおいしい工夫

ご飯と具を別々の容器に入れ、食べるときにのっける！ご飯が汁でべちゃっとならない。

素材別 INDEX

肉・加工品

●合いびき肉
キーマカレー ・・・・・・・・・・・・・・・・・・・・・・32

●牛薄切り肉
牛肉のサルサソース煮 ・・・・・・・・・・・・・87
牛肉の野菜巻き ・・・・・・・・・・・・・・・・・・88
ハヤシライスソース ・・・・・・・・・・・・・・・89

●牛切り落とし肉
牛肉と玉ねぎ煮 ・・・・・・・・・・・・・・・・・・24

●牛こま切れ肉
牛肉のすき焼き風 ・・・・・・・・・・・・・・・・83
牛肉のしょうが煮 ・・・・・・・・・・・・・・・・84
牛肉とれんこんのピリ辛きんぴら ・・・85

●牛ももかたまり肉
牛肉のチーズカツレツ ・・・・・・・・・・・・91
ローストビーフ ・・・・・・・・・・・・・・・・・・92
ポトフ ・・・・・・・・・・・・・・・・・・・・・・・・・・94

●鶏手羽中
鶏手羽中のトマト煮込み ・・・・・・・・・・51

●鶏手羽元
フライドチキン ・・・・・・・・・・・・・・・・・・52
鶏手羽元のお酢煮 ・・・・・・・・・・・・・・・・54

●鶏ひき肉
鶏そぼろ ・・・・・・・・・・・・・・・・・・・・・・・・16
れんこんはさみ焼き ・・・・・・・・・・・・・・57
鶏つくね ・・・・・・・・・・・・・・・・・・・・・・・・58
ガパオ風そぼろ ・・・・・・・・・・・・・・・・・・60

●鶏むね肉
鶏肉のクリーム煮 ・・・・・・・・・・・・・・・・45
鶏肉のしっとりロール ・・・・・・・・・・・・46
鶏肉のチーズサンド揚げ ・・・・・・・・・・48

●鶏もも肉
ゆで鶏 ・・・・・・・・・・・・・・・・・・・・・・・・・・28
鶏もも肉の1:1:1煮 ・・・・・・・・・・・・・・・39
鶏肉の塩麹＆マーマレード漬け焼き ・・40
鶏の唐揚げ ・・・・・・・・・・・・・・・・・・・・・・42

●ハム
キャベツとハムのマヨ煮 ・・・・・・・・・・119
にんじん、ピーマン、ハムのオイスター炒め ・・137

●豚こま切れ肉
豚肉とチンゲン菜のオイスター煮 ・・・・・63
豚肉とじゃがいものカレーきんぴら ・・・64
ポークビーンズ ・・・・・・・・・・・・・・・・・・65

●豚バラ薄切り肉
豚と白菜のレンジ蒸し ・・・・・・・・・・・・67
アスパラの豚バラ巻き ・・・・・・・・・・・・68
豚バラとごぼうの柳川風 ・・・・・・・・・・70

●豚バラかたまり肉
黒酢の酢豚 ・・・・・・・・・・・・・・・・・・・・・・73
豚の角煮 ・・・・・・・・・・・・・・・・・・・・・・・・74
豚バラのさっぱりバーベキューグリル ・・75

●豚ひき肉
肉みそ ・・・・・・・・・・・・・・・・・・・・・・・・・・20
シュウマイ ・・・・・・・・・・・・・・・・・・・・・・77
麻婆なす ・・・・・・・・・・・・・・・・・・・・・・・・78
焼き餃子 ・・・・・・・・・・・・・・・・・・・・・・・・80

魚介・加工品

●いか
いかと里芋の煮物 ・・・・・・・・・・・・・・・101
いかの照り焼き ・・・・・・・・・・・・・・・・102
いかとブロッコリーの中華炒め ・・・103

●辛子明太子
きのこの明太子マヨ炒め ・・・・・・・・・145

●桜えび
豚肉と白菜のレンジ蒸し ・・・・・・・・・・67
キャベツ、桜えび、厚揚げのピリ辛炒め ・・121

●さばの切り身
さばのごま焼き ・・・・・・・・・・・・・・・・105
さばのみそ煮 ・・・・・・・・・・・・・・・・・・106
さばのピリ辛竜田揚げ ・・・・・・・・・・・107

●しらす
きのこ、ブロッコリー、しらすの塩レモン蒸し ・・143

●ちりめんじゃこ
小松菜とじゃこの煮びたし ・・・・・・・139

●生ざけの切り身
さけの焼きびたし ・・・・・・・・・・・・・・・97
さけのカレー南蛮漬け ・・・・・・・・・・・・98
さけのみそ漬け ・・・・・・・・・・・・・・・・・99
●むきえび
シュウマイ ・・・・・・・・・・・・・・・・・・・・・77

野菜・きのこ・ハーブ

●青じそ
ピリ辛肉みそ奴 ・・・・・・・・・・・・・・・・・21
フォー・ガー（ベトナム風うどん）・・・・31
鶏肉のチーズサンド揚げ ・・・・・・・・・48
れんこんはさみ焼き ・・・・・・・・・・・・・57
焼き餃子 ・・・・・・・・・・・・・・・・・・・・・80
●赤玉ねぎ
フォー・ガー（ベトナム風うどん）・・・・31
切干し大根のサラダ ・・・・・・・・・・・・147
●赤ピーマン
牛肉の野菜巻き ・・・・・・・・・・・・・・・・88
さけのカレー南蛮漬け ・・・・・・・・・・・・98
●えのきだけ
きのこ、ブロッコリー、しらすの塩レモン蒸し・143
きのこの明太子マヨ炒め ・・・・・・・・145
●エリンギ
きのこ、ブロッコリー、しらすの塩レモン蒸し・143
きのこのピクルス ・・・・・・・・・・・・・・144
きのこの明太子マヨ炒め ・・・・・・・・145
●かぶ
鶏肉のクリーム煮 ・・・・・・・・・・・・・・45
さけの焼きびたし ・・・・・・・・・・・・・・97
●かぼちゃ
かぼちゃのそぼろあんかけ ・・・・・・・・17
マッシュかぼちゃ ・・・・・・・・・・・・・・127
かぼちゃとパプリカのカレーピクルス・・128
かぼちゃの煮物 ・・・・・・・・・・・・・・・129
●きぬさや
大根とがんものごま煮 ・・・・・・・・・・125
高野豆腐の含め煮 ・・・・・・・・・・・・152
ひじきの煮物 ・・・・・・・・・・・・・・・・・157

●キャベツ
カレー風味の春雨スープ ・・・・・・・・・36
キャベツとハムのマヨ煮 ・・・・・・・・・119
キャベツ、にんじん、小松菜のごま酢漬け・120
キャベツ、桜えび、厚揚げのピリ辛炒め・121
切干し大根のサラダ ・・・・・・・・・・・・147
●きゅうり
ジャージャー麺 温卵のせ ・・・・・・・・・34
●グリーンアスパラガス
アスパラの豚バラ巻き ・・・・・・・・・・・68
黒酢の酢豚 ・・・・・・・・・・・・・・・・・・・73
●ごぼう
豚バラとごぼうの柳川風 ・・・・・・・・・70
たたきごぼう ・・・・・・・・・・・・・・・・・131
きんぴらごぼう ・・・・・・・・・・・・・・・・132
ごぼうとにんじんの炊飯器蒸し ・・・・133
●小松菜
鶏手羽元のお酢煮 ・・・・・・・・・・・・・54
キャベツ、にんじん、小松菜のごま酢漬け・120
小松菜とじゃこの煮びたし ・・・・・・・139
小松菜とコーンのバターしょうゆ炒め・・140
小松菜のごま炒め ・・・・・・・・・・・・・141
●里芋
里芋のそぼろ炒め ・・・・・・・・・・・・・・18
いかと里芋の煮物 ・・・・・・・・・・・・・101
ひじきと里芋のお焼き ・・・・・・・・・・155
●さやいんげん
鶏肉のしっとりロール ・・・・・・・・・・・46
牛肉の野菜巻き ・・・・・・・・・・・・・・・・88
●しいたけ
れんこんはさみ焼き ・・・・・・・・・・・・・57
豚肉とチンゲン菜のオイスター煮・・・・・63
牛肉のすき焼き風 ・・・・・・・・・・・・・・83
きのこ、ブロッコリー、しらすの塩レモン蒸し・143
きのこのピクルス ・・・・・・・・・・・・・・144
きのこの明太子マヨ炒め ・・・・・・・・145
●しめじ
牛肉の野菜巻き ・・・・・・・・・・・・・・・・88
きのこのピクルス ・・・・・・・・・・・・・・144

169

野菜・きのこ・ハーブ

●じゃがいも
- レンジ肉じゃが ・・・・・・・・・・・・・・・26
- 鶏手羽中のトマト煮込み ・・・・・・・51
- 豚肉とじゃがいものカレーきんぴら ・・・64
- ポトフ ・・・・・・・・・・・・・・・・・・・・・94

●しょうが
- 鶏そぼろ ・・・・・・・・・・・・・・・・・・16
- かぼちゃのそぼろあんかけ ・・・・・・17
- 肉みそ ・・・・・・・・・・・・・・・・・・・20
- ゆで鶏 ・・・・・・・・・・・・・・・・・・・28
- ゆで鶏のスパイシーねぎソース ・・・29
- キーマカレー ・・・・・・・・・・・・・・・32
- 鶏の唐揚げ ・・・・・・・・・・・・・・・・42
- フライドチキン ・・・・・・・・・・・・・・52
- れんこんはさみ焼き ・・・・・・・・・・57
- 鶏つくね ・・・・・・・・・・・・・・・・・・58
- 豚肉とチンゲン菜のオイスター煮・・・63
- 豚肉と白菜のレンジ蒸し ・・・・・・・67
- 豚の角煮 ・・・・・・・・・・・・・・・・・74
- 麻婆なす ・・・・・・・・・・・・・・・・・78
- 焼き餃子 ・・・・・・・・・・・・・・・・・80
- 牛肉のしょうが煮 ・・・・・・・・・・・・84
- さけの焼きびたし ・・・・・・・・・・・・97
- いかと里芋の煮物 ・・・・・・・・・・・101
- いかの照り焼き ・・・・・・・・・・・・・102
- いかとブロッコリーの中華炒め ・・・103
- さばのみそ煮 ・・・・・・・・・・・・・・106
- キャベツとハムのマヨ煮 ・・・・・・・119
- 小松菜とコーンのバターしょうゆ炒め ・・140
- 高野豆腐のチンジャオロース風 ・・・151
- ひじきと里芋のお焼き ・・・・・・・・・155

●スナップえんどう
- レンジ肉じゃが ・・・・・・・・・・・・・・26

●セロリ
- 牛肉と玉ねぎのエスニックスープ ・・・25
- 牛肉のサルサソース煮 ・・・・・・・・87
- ポトフ ・・・・・・・・・・・・・・・・・・・94
- 切干し大根のペペロンチーノ ・・・・149

●大根
- 大根と鶏肉の煮物 ・・・・・・・・・・・30
- ふろふき大根 ・・・・・・・・・・・・・・123
- 大根のにんにくしょうゆ漬け ・・・・・124
- 大根とがんものごま煮 ・・・・・・・・125

●玉ねぎ
- そぼろ入りオムレツ ・・・・・・・・・・19
- 牛肉と玉ねぎ煮 ・・・・・・・・・・・・・24
- 牛肉と玉ねぎのエスニックスープ ・・・25
- キーマカレー ・・・・・・・・・・・・・・・32
- 鶏手羽中のトマト煮込み ・・・・・・・51
- ガパオ風そぼろ ・・・・・・・・・・・・・60
- ポークビーンズ ・・・・・・・・・・・・・65
- シュウマイ ・・・・・・・・・・・・・・・・77
- 牛肉のサルサソース煮 ・・・・・・・・87
- ハヤシライスソース ・・・・・・・・・・89
- ポトフ ・・・・・・・・・・・・・・・・・・・94
- さけのカレー南蛮漬け ・・・・・・・・98
- キャベツとハムのマヨ煮 ・・・・・・・119

●チンゲン菜
- 豚肉とチンゲン菜のオイスター煮・・・63

●トマト
- 牛肉と玉ねぎのエスニックスープ ・・・25
- 牛肉のサルサソース煮 ・・・・・・・・87

●長ねぎ（白髪ねぎ含む）
- 鶏そぼろ ・・・・・・・・・・・・・・・・・・16
- 肉みそ ・・・・・・・・・・・・・・・・・・・20
- ゆで鶏のスパイシーねぎソース ・・・29
- ジャージャー麺 温卵のせ ・・・・・・34
- 鶏つくね ・・・・・・・・・・・・・・・・・・58
- 豚の角煮 ・・・・・・・・・・・・・・・・・74
- 麻婆なす ・・・・・・・・・・・・・・・・・78
- 牛肉のすき焼き風 ・・・・・・・・・・・83
- 高野豆腐のステーキ風 ・・・・・・・・153

●なす
- なすとピーマンの肉みそ炒め ・・・・23
- ガパオ風そぼろ ・・・・・・・・・・・・・60
- 麻婆なす ・・・・・・・・・・・・・・・・・78

●**生バジルの葉**
ガパオ風そぼろ・・・・・・・・・・・・・・・・・・60
●**生ミントの葉**
フォー・ガー（ベトナム風うどん）・・・・・31
●**にら**
麻婆なす・・・・・・・・・・・・・・・・・・・・・・・78
焼き餃子・・・・・・・・・・・・・・・・・・・・・・・80
●**にんじん**
レンジ肉じゃが・・・・・・・・・・・・・・・・・・26
キーマカレー・・・・・・・・・・・・・・・・・・・32
鶏肉のしっとりロール・・・・・・・・・・・・46
フライドチキン・・・・・・・・・・・・・・・・・・52
豚バラとごぼうの柳川風・・・・・・・・・・70
牛肉のすき焼き風・・・・・・・・・・・・・・・83
ポトフ・・・・・・・・・・・・・・・・・・・・・・・・・94
キャベツ、にんじん、小松菜のごま酢漬け・・120
きんぴらごぼう・・・・・・・・・・・・・・・・・132
ごぼうとにんじんの炊飯器蒸し・・・・133
にんじんのはちみつレモンバター煮・・・135
キャロットラペ・・・・・・・・・・・・・・・・・136
にんじん、ピーマン、ハムのオイスター炒め・・137
切干し大根の煮物・・・・・・・・・・・・・・148
高野豆腐の含め煮・・・・・・・・・・・・・・152
ひじきの煮物・・・・・・・・・・・・・・・・・・157
●**にんにく**
里芋のそぼろ炒め・・・・・・・・・・・・・・・18
肉みそうどん・・・・・・・・・・・・・・・・・・・22
ゆで鶏のスパイシーねぎソース・・・・29
キーマカレー・・・・・・・・・・・・・・・・・・・32
鶏肉のしっとりロール・・・・・・・・・・・・46
ガパオ風そぼろ・・・・・・・・・・・・・・・・・60
豚肉とチンゲン菜のオイスター煮・・・63
豚バラのさっぱりバーベキューグリル・・75
焼き餃子・・・・・・・・・・・・・・・・・・・・・・・80
牛肉のサルサソース煮・・・・・・・・・・・87
ローストビーフ・・・・・・・・・・・・・・・・・・92
ポトフ・・・・・・・・・・・・・・・・・・・・・・・・・94
いかの照り焼き・・・・・・・・・・・・・・・・102
キャベツ、桜えび、厚揚げのピリ辛炒め・・121

大根のにんにくしょうゆ漬け・・・・・・・124
切干し大根のペペロンチーノ・・・・・149
高野豆腐のチンジャオロース風・・・・151
高野豆腐のステーキ風・・・・・・・・・・153
●**白菜**
豚肉と白菜のレンジ蒸し・・・・・・・・・・67
焼き餃子・・・・・・・・・・・・・・・・・・・・・・・80
●**パクチー**
牛肉と玉ねぎのエスニックスープ・・・・25
フォー・ガー（ベトナム風うどん）・・・・・31
●**パセリ**
そぼろ入りオムレツ・・・・・・・・・・・・・・19
焼きカレードリア・・・・・・・・・・・・・・・・35
ポークビーンズ・・・・・・・・・・・・・・・・・65
●**パプリカ（黄・赤）**
豚肉とチンゲン菜のオイスター煮・・・63
黒酢の酢豚・・・・・・・・・・・・・・・・・・・・73
かぼちゃとパプリカのカレーピクルス・・128
小松菜のごま炒め・・・・・・・・・・・・・・141
切干し大根のペペロンチーノ・・・・・149
高野豆腐のチンジャオロース風・・・・151
ひじきとブロッコリーのツナサラダ・・・156
●**万能ねぎ**
里芋のそぼろ炒め・・・・・・・・・・・・・・・18
肉みそうどん・・・・・・・・・・・・・・・・・・・22
フォー・ガー（ベトナム風うどん）・・・・・31
カレー風味の春雨スープ・・・・・・・・・36
鶏つくね・・・・・・・・・・・・・・・・・・・・・・・58
豚バラとごぼうの柳川風・・・・・・・・・・70
きのこの明太子マヨ炒め・・・・・・・・・145
高野豆腐のステーキ風・・・・・・・・・・153
ひじきと里芋のお焼き・・・・・・・・・・・155
●**ピーマン**
なすとピーマンの肉みそ炒め・・・・・・23
キーマカレー・・・・・・・・・・・・・・・・・・・32
ガパオ風そぼろ・・・・・・・・・・・・・・・・・60
豚肉とじゃがいものカレーきんぴら・・・64
さけのカレー南蛮漬け・・・・・・・・・・・98
にんじん、ピーマン、ハムのオイスター炒め・・137

野菜・きのこ・ハーブ

切干し大根のサラダ ・・・・・・・・・・・・・147
高野豆腐のチンジャオロース風 ・・・・・151
●ブロッコリー
いかとブロッコリーの中華炒め・・・・・・103
きのこ、ブロッコリー、しらすの塩レモン蒸し・143
ひじきとブロッコリーのツナサラダ ・・・156
●みつば
牛玉丼・・・・・・・・・・・・・・・・・・・・・・・・・27
大根と鶏肉の煮物 ・・・・・・・・・・・・・・・30
●もやし
フォー・ガー(ベトナム風うどん)・・・・・・31
●ゆずの皮・ゆずのしぼり汁
ふろふき大根 ・・・・・・・・・・・・・・・・・・123
●レモン・レモン汁
フォー・ガー(ベトナム風うどん)・・・・・・31
にんじんのはちみつレモンバター煮・・・135
きのこ、ブロッコリー、しらすの塩レモン蒸し・143
●れんこん
れんこんはさみ焼き ・・・・・・・・・・・・・・57
黒酢の酢豚・・・・・・・・・・・・・・・・・・・・73
牛肉とれんこんのピリ辛きんぴら ・・・85
●ローリエ
鶏手羽中のトマト煮込み ・・・・・・・・・51
きのこのピクルス ・・・・・・・・・・・・・・・144

卵・豆腐・大豆製品

●厚揚げ
キャベツ、桜えび、厚揚げのピリ辛炒め・・121
●油揚げ
小松菜とじゃこの煮びたし ・・・・・・・139
●温泉卵
ジャージャー麺 温卵のせ・・・・・・・・・34
●がんもどき
大根とがんものごま煮 ・・・・・・・・・・・125
●卵・ゆで卵
そぼろ入りオムレツ ・・・・・・・・・・・・・・19
牛玉丼・・・・・・・・・・・・・・・・・・・・・・・・・27
鶏の唐揚げ・・・・・・・・・・・・・・・・・・・・42
鶏肉のチーズサンド揚げ ・・・・・・・・・48

鶏手羽元のお酢煮・・・・・・・・・・・・・・54
鶏つくね ・・・・・・・・・・・・・・・・・・・・・・58
豚バラとごぼうの柳川風 ・・・・・・・・・・70
牛肉のチーズカツレツ ・・・・・・・・・・・・91
●豆腐（絹ごし・木綿）
ピリ辛肉みそ奴 ・・・・・・・・・・・・・・・・・21
鶏つくね ・・・・・・・・・・・・・・・・・・・・・・58

乳製品・チーズ

●牛乳
鶏肉のクリーム煮 ・・・・・・・・・・・・・・・45
●粉チーズ
牛肉のチーズカツレツ ・・・・・・・・・・・・91
●とろけるチーズ
鶏肉のチーズサンド揚げ ・・・・・・・・・48
●バター
鶏肉のクリーム煮 ・・・・・・・・・・・・・・・45
ハヤシライスソース ・・・・・・・・・・・・・・89
ポトフ ・・・・・・・・・・・・・・・・・・・・・・・・94
マッシュかぼちゃ ・・・・・・・・・・・・・・・127
ごぼうとにんじんの炊飯器蒸し ・・・133
にんじんのはちみつレモンバター煮・・・135
小松菜とコーンのバターしょうゆ炒め・・・140
●ピザ用チーズ
焼きカレードリア ・・・・・・・・・・・・・・・・35

調味料・油・粉

●赤ワイン
ハヤシライスソース ・・・・・・・・・・・・・・89
●薄口しょうゆ
かぼちゃの煮物・・・・・・・・・・・・・・・・129
ごぼうとにんじんの炊飯器蒸し ・・・133
●ウスターソース
ポークビーンズ ・・・・・・・・・・・・・・・・・65
●オイスターソース
ガパオ風そぼろ ・・・・・・・・・・・・・・・・60
豚肉とチンゲン菜のオイスター煮 ・・・63
にんじん、ピーマン、ハムのオイスター炒め・・137
高野豆腐のチンジャオロース風 ・・・・・151

●オリーブ油
里芋のそぼろ炒め‥‥‥‥‥‥‥‥‥‥18
そぼろ入りオムレツ‥‥‥‥‥‥‥‥‥19
鶏手羽中のトマト煮込み‥‥‥‥‥‥‥51
ポークビーンズ‥‥‥‥‥‥‥‥‥‥‥65
牛肉のサルサソース煮‥‥‥‥‥‥‥‥87
牛肉のチーズカツレツ‥‥‥‥‥‥‥‥91
ローストビーフ‥‥‥‥‥‥‥‥‥‥‥92
ポトフ‥‥‥‥‥‥‥‥‥‥‥‥‥‥‥94
キャベツとハムのマヨ煮‥‥‥‥‥‥119
キャロットラペ‥‥‥‥‥‥‥‥‥‥136
切干し大根のサラダ‥‥‥‥‥‥‥‥147
切干し大根のペペロンチーノ‥‥‥‥149
ひじきとブロッコリーのツナサラダ‥156

●片栗粉
かぼちゃのそぼろあんかけ‥‥‥‥‥17
鶏の唐揚げ‥‥‥‥‥‥‥‥‥‥‥‥42
れんこんはさみ焼き‥‥‥‥‥‥‥‥57
鶏つくね‥‥‥‥‥‥‥‥‥‥‥‥‥58
豚肉とチンゲン菜のオイスター煮‥‥63
黒酢の酢豚‥‥‥‥‥‥‥‥‥‥‥‥73
シュウマイ‥‥‥‥‥‥‥‥‥‥‥‥77
麻婆なす‥‥‥‥‥‥‥‥‥‥‥‥‥78
いかとブロッコリーの中華炒め‥‥103
さばのピリ辛竜田揚げ‥‥‥‥‥‥107
高野豆腐のチンジャオロース風‥‥151
ひじきと里芋のお焼き‥‥‥‥‥‥155

●黒酢
黒酢の酢豚‥‥‥‥‥‥‥‥‥‥‥‥73

●ごま油
ピリ辛肉みそ奴‥‥‥‥‥‥‥‥‥‥21
肉みそうどん‥‥‥‥‥‥‥‥‥‥‥22
ゆで鶏のスパイシーねぎソース‥‥‥29
豚バラとごぼうの柳川風‥‥‥‥‥‥70
シュウマイ‥‥‥‥‥‥‥‥‥‥‥‥77
焼き餃子‥‥‥‥‥‥‥‥‥‥‥‥‥80
牛肉とれんこんのピリ辛きんぴら‥‥85
さけの焼きびたし‥‥‥‥‥‥‥‥‥97
さばのごま焼き‥‥‥‥‥‥‥‥‥105

キャベツ、にんじん、小松菜のごま酢漬け‥120
キャベツ、桜えび、厚揚げのピリ辛炒め‥121
大根のにんにくしょうゆ漬け‥‥‥124
きんぴらごぼう‥‥‥‥‥‥‥‥‥132
小松菜とじゃこの煮びたし‥‥‥‥139

●塩麹
鶏肉の塩麹&マーマレード漬け焼き‥40

●中濃ソース
ハヤシライスソース‥‥‥‥‥‥‥‥89

●甜麺醤
肉みそ‥‥‥‥‥‥‥‥‥‥‥‥‥‥20

●豆板醤
なすとピーマンの肉みそ炒め‥‥‥‥23
ゆで鶏のスパイシーねぎソース‥‥‥29
麻婆なす‥‥‥‥‥‥‥‥‥‥‥‥‥78
さばのピリ辛竜田揚げ‥‥‥‥‥‥107
キャベツ、桜えび、厚揚げのピリ辛炒め‥121

●トマトケチャップ
そぼろ入りオムレツ‥‥‥‥‥‥‥‥19
豚バラのさっぱりバーベキューグリル‥75

●ナンプラー
牛肉と玉ねぎのエスニックスープ‥‥25
フォー・ガー（ベトナム風うどん）‥‥31
ガパオ風そぼろ‥‥‥‥‥‥‥‥‥‥60
牛肉のサルサソース煮‥‥‥‥‥‥‥87

●薄力粉
鶏肉のクリーム煮‥‥‥‥‥‥‥‥‥45
鶏肉のチーズサンド揚げ‥‥‥‥‥‥48
フライドチキン‥‥‥‥‥‥‥‥‥‥52
れんこんはさみ焼き‥‥‥‥‥‥‥‥57
アスパラの豚バラ巻き‥‥‥‥‥‥‥68
黒酢の酢豚‥‥‥‥‥‥‥‥‥‥‥‥73
牛肉の野菜巻き‥‥‥‥‥‥‥‥‥‥88
ハヤシライスソース‥‥‥‥‥‥‥‥89
牛肉のチーズカツレツ‥‥‥‥‥‥‥91
さけのカレー南蛮漬け‥‥‥‥‥‥‥98
高野豆腐のステーキ風‥‥‥‥‥‥153

●バルサミコ酢
切干し大根のサラダ‥‥‥‥‥‥‥147

調味料・油・粉

●パン粉（生）
鶏肉のチーズサンド揚げ ・・・・・・・・・・・48
牛肉のチーズカツレツ ・・・・・・・・・・・・・・91
●マヨネーズ
里芋のそぼろ炒め ・・・・・・・・・・・・・・・・・18
焼きカレードリア ・・・・・・・・・・・・・・・・・・35
キャベツとハムのマヨ煮 ・・・・・・・・・・119
きのこの明太子マヨ炒め ・・・・・・・・・・145
ひじきとブロッコリーのツナサラダ ・・・156
●ラー油
肉みそうどん ・・・・・・・・・・・・・・・・・・・・・22

香辛料・スパイス

●赤唐辛子
ガパオ風そぼろ ・・・・・・・・・・・・・・・・・・・60
ポークビーンズ ・・・・・・・・・・・・・・・・・・・65
牛肉とれんこんのピリ辛きんぴら ・・・85
牛肉のサルサソース煮 ・・・・・・・・・・・・・87
いかとブロッコリーの中華炒め ・・・・・・103
キャベツ、桜えび、厚揚げのピリ辛炒め ・・121
きんぴらごぼう ・・・・・・・・・・・・・・・・・・132
切干し大根の煮物 ・・・・・・・・・・・・・・・・148
切干し大根のペペロンチーノ ・・・・・・・149
●糸唐辛子
豚の角煮 ・・・・・・・・・・・・・・・・・・・・・・・・74
高野豆腐のステーキ風 ・・・・・・・・・・・・153
●カレー粉
キーマカレー ・・・・・・・・・・・・・・・・・・・・・32
豚肉とじゃがいものカレーきんぴら ・・・・64
さけのカレー南蛮漬け ・・・・・・・・・・・・・98
かぼちゃとパプリカのカレーピクルス ・・128
●クミンシード
キャロットラペ ・・・・・・・・・・・・・・・・・・136
●七味唐辛子
豚バラとごぼうの柳川風 ・・・・・・・・・・・70
にんじん、ピーマン、ハムのオイスター炒め ・・・137
●シナモンパウダー
キーマカレー ・・・・・・・・・・・・・・・・・・・・・32
鶏の唐揚げ ・・・・・・・・・・・・・・・・・・・・・・42

●タバスコ
牛肉のサルサソース煮 ・・・・・・・・・・・・・87
●粒こしょう（黒）
きのこのピクルス ・・・・・・・・・・・・・・・・144

その他

●牛脂
牛肉のしょうが煮 ・・・・・・・・・・・・・・・・・84
●餃子の皮
焼き餃子 ・・・・・・・・・・・・・・・・・・・・・・・・80
●魚肉ソーセージ
カレー風味の春雨スープ ・・・・・・・・・・・36
●切干し大根
切干し大根のサラダ ・・・・・・・・・・・・・・147
切干し大根の煮物 ・・・・・・・・・・・・・・・・148
切干し大根のペペロンチーノ ・・・・・・・149
●グリンピース（ゆで）
シュウマイ ・・・・・・・・・・・・・・・・・・・・・・77
ハヤシライスソース ・・・・・・・・・・・・・・・89
●黒いりごま
さばのごま焼き ・・・・・・・・・・・・・・・・・105
●高野豆腐
高野豆腐のチンジャオロース風 ・・・・・151
高野豆腐の含め煮 ・・・・・・・・・・・・・・・152
高野豆腐のステーキ風 ・・・・・・・・・・・・153
●ご飯
牛玉丼 ・・・・・・・・・・・・・・・・・・・・・・・・・・27
焼きカレードリア ・・・・・・・・・・・・・・・・・・35
●コンソメ（固形）
ポトフ ・・・・・・・・・・・・・・・・・・・・・・・・・・・94
●こんにゃく
ひじきの煮物 ・・・・・・・・・・・・・・・・・・・157
●昆布
かぼちゃの煮物 ・・・・・・・・・・・・・・・・・129
●塩昆布
小松菜のごま炒め ・・・・・・・・・・・・・・・141
●シュウマイの皮
シュウマイ ・・・・・・・・・・・・・・・・・・・・・・77

●しらたき
牛肉のすき焼き風・・・・・・・・・・・・・83
●白いりごま
鶏そぼろ・・・・・・・・・・・・・・・・・・・16
肉みそうどん・・・・・・・・・・・・・・・・22
鶏つくね・・・・・・・・・・・・・・・・・・・58
牛肉とれんこんのピリ辛きんぴら・・85
牛肉の野菜巻き・・・・・・・・・・・・・・88
さばのごま焼き・・・・・・・・・・・・・105
たたきごぼう・・・・・・・・・・・・・・・131
きんぴらごぼう・・・・・・・・・・・・・132
小松菜とじゃこの煮びたし・・・・・139
小松菜のごま炒め・・・・・・・・・・・141
切干し大根の煮物・・・・・・・・・・・148
●白すりごま
キャベツ、にんじん、小松菜のごま酢漬け・・120
●中華麺
ジャージャー麺 温卵のせ・・・・・・・34
●ツナ缶（ノンオイル）
ひじきとブロッコリーのツナサラダ・・・156
●粒コーン（缶詰）
カレー風味の春雨スープ・・・・・・・36
鶏肉のクリーム煮・・・・・・・・・・・・45
小松菜とコーンのバターしょうゆ炒め・・140
●トマト水煮（缶詰）
キーマカレー・・・・・・・・・・・・・・・32
鶏手羽中のトマト煮込み・・・・・・・51
ポークビーンズ・・・・・・・・・・・・・・65
ハヤシライスソース・・・・・・・・・・89
●鶏ガラスープの素（顆粒）
カレー風味の春雨スープ・・・・・・・36
豚肉とチンゲン菜のオイスター煮・・・63
豚肉と白菜のレンジ蒸し・・・・・・・67
黒酢の酢豚・・・・・・・・・・・・・・・・・73
いかとブロッコリーの中華炒め・・・103
キャベツ、にんじん、小松菜のごま酢漬け・・120
たたきごぼう・・・・・・・・・・・・・・・131
ごぼうとにんじんの炊飯器蒸し・・・133

●煮干し
大根とがんものごま煮・・・・・・・125
●練りごま
大根とがんものごま煮・・・・・・・125
たたきごぼう・・・・・・・・・・・・・・・131
●白菜キムチ
ピリ辛肉みそ奴・・・・・・・・・・・・・21
●はちみつ
かぼちゃとパプリカのカレーピクルス・・128
にんじんのはちみつレモンバター煮・・・135
きのこのピクルス・・・・・・・・・・・144
●春雨
カレー風味の春雨スープ・・・・・・・36
●ひじき（乾燥）
ひじきと里芋のお焼き・・・・・・・155
ひじきとブロッコリーのツナサラダ・・・156
ひじきの煮物・・・・・・・・・・・・・・157
●米麺（フォー）
フォー・ガー（ベトナム風うどん）・・・31
●干ししいたけ
高野豆腐の含め煮・・・・・・・・・・・152
●マーマレード
鶏肉の塩麹＆マーマレード漬け焼き・・40
●ミックスビーンズ（市販）
鶏手羽中のトマト煮込み・・・・・・・51
ポークビーンズ・・・・・・・・・・・・・・65
●めんつゆ（2倍濃縮）
鶏つくね・・・・・・・・・・・・・・・・・・・58
豚バラとごぼうの柳川風・・・・・・・70
さけの焼きびたし・・・・・・・・・・・・97
ひじきと里芋のお焼き・・・・・・・155
●ゆでうどん
肉みそうどん・・・・・・・・・・・・・・・・22
●ゆで大豆（市販）
ポークビーンズ・・・・・・・・・・・・・・65
ひじきの煮物・・・・・・・・・・・・・・157
●ゆでたけのこ
高野豆腐のチンジャオロース風・・・151

HISAKO

フードコーディネーター&スタイリスト。食と器の実験室「dish lab(ディッシュ・ラボ)」主宰。大学卒業後、スポーツメーカーに5年間勤務の後に一念発起し、専門学校で学びフードスタイリストに転身。現在は、雑誌・書籍、広告、テレビ、映画など、幅広い分野で食のシーンを演出している。著書に『えらんでおいしい きょうの夕ごはん』(小社刊)、『はじめてのもてなしレシピ』、『はじめての持ちよりレシピ』(ともに河出書房新社)、『絶対おいしい!はじめての簡単おべんとう』(主婦と生活社)、『スイーツ&フードラッピング』(誠文堂新光社)などがある。一男の母。趣味はランニング。

【dish lab】http://www.dishlab.com/

STAFF	
デザイン・イラスト	柳田 尚美 (N/Y graphics)
撮影	鵜澤 昭彦 (スタジオ・パワー)
スタイリング	HISAKO
調理アシスタント	新井 めぐみ／並木 智恵子
編集・制作	吉原 信成 (編集工房桃庵)

参考文献
「改訂 調理用語辞典」(社団法人 全国調理師養成施設協会)
「調理に必要なデータがわかる 下ごしらえと調理のコツ便利帳」(成美堂出版)

節約!カンタン!
つくりおき生活便利帖

●協定により検印省略

著　者／HISAKO
発行者／池田 豊
印刷所／株式会社光邦
製本所／株式会社光邦
発行所／株式会社池田書店
　　　　〒162-0851
　　　　東京都新宿区弁天町43番地
　　　　電話03-3267-6821(代)／振替00120-9-60072

落丁、乱丁はお取り替えいたします。

©HISAKO 2015, Printed in Japan
ISBN978-4-262-13016-3

本書のコピー、スキャン、デジタル化等の無断複製は著作権法上での例外を除き禁じられています。本書を代行業者等の第三者に依頼してスキャンやデジタル化することは、たとえ個人や家庭内での利用でも著作権法違反です。

1701903